Menos virtualidad, más realidad

¿Cómo reconocer el peligro de la adicción a los juegos en computador?

Una guía para padres
niños entre 2 y 4 años

¿Cómo tratar adecuadamente
las emociones infantiles?

Un manual educativo que
incluye consejos y estrategias

Hedwing Lerchenmüller, Jürgen Hilde
    Menos virtualidad, más realidad / Jürgen Hilde-Hedwing Lerch-
enmüller ; traductora Adriana Hernández. -- Editora Mireya Fonseca
Leal. -- Bogotá : Panamericana Editorial, 2012.
    120 p. : il. ; 23 cm. -- (Agenda de hoy)
    Título original : Kinder am computer.
    ISBN 978-958-30-3885-3
    1. Adicciones (Psicología infantil) 2. Adictos - Aspectos psicoló-
gicos 3. Juegos de computador 4. Adolescentes - Aspectos psicoló-
gicos I. Hernández, Adriana, tr. II. Fonseca Leal, Raquel Mireya, ed.
III. Tít. IV. Serie.
155.232 cd 21 ed.
A1326977

    CEP-Banco de la República-Biblioteca Luis Ángel Arango

Menos virtualidad, más realidad

¿Cómo reconocer el peligro de la adicción a los juegos en computador?

Una guía para padres
niños entre 2 y 4 años

¿Cómo tratar adecuadamente
las emociones infantiles?

Un manual educativo que
incluye consejos y estrategias

Hedwig Lerchenmüller / Jüngen Hilde

Traducción
Adriana Hernández

Panamericana Editorial / Agenda de Hoy

Primera edición en Panamericana
Editorial Ltda., septiembre de 2012
© Schlütersche Verlagsgesellschaft mbH & CO.
KG- Humboldt
© 2012 Panamericana Editorial Ltda.
de la traducción en español
Calle 12 No. 34-30, Tel.: 3649000
Fax: (571) 2373805
www.panamericanaeditorial.com
Bogotá D.C., Colombia

Editor
Panamericana Editorial Ltda.
Edición
Mireya Fonseca
Traducción
Adriana Hernández
Diagramación
Diego Martínez Celis
Fotografía de carátula
©Destonian-fotolia.com

ISBN 978-958-30-3885-3

Impreso por Panamericana Formas e Impresos S.A.
Calle 65 No. 95-28, Tels.: (571) 43002110 - 4300355, Fax: (571) 2763008
Bogotá D.C., Colombia
Quien solo actúa como impresor.
Impreso en Colombia- *Printed in Colombia*

CONTENIDO

INTRODUCCIÓN

En la prensa y en la televisión se encuentran cada vez más noticias sobre las desastrosas consecuencias de los juegos en computador. Juegos con mucha violencia que embrutecen a nuestros hijos y los convierten en asesinos. ¡Juegos de rol en los que los niños o jóvenes asumen el papel de héroe conllevan a la fuga de la realidad! El éxito en los juegos en computador es recompensado, y así nuestros hijos se vuelven adictos a la recompensa. Los jóvenes que participan en campeonatos *online* prefieren pasar su tiempo libre con amigos virtuales y pierden todo el contacto con las redes sociales reales.

¿Es cierto todo eso? ¿Son en realidad los juegos en computador como un virus que infecta a nuestros hijos y los va destruyendo poco a poco? ¿Se transmite ese virus como una epidemia? ¿Los juegos en computador son la peste de la edad moderna que debe ser exterminada?

En absoluto. Semejantes noticias solo quieren causar polémica. Los juegos en computador ofrecen muchas posibilidades a los niños y a los jóvenes cuando se usan de forma razonable: pueden aumentar los conocimientos generales de los niños y darles mucha diversión en el tiempo libre si se escogen correctamente. Escoger los juegos educativos adecuados puede incluso mejorar el rendimiento académico de los niños. Los buenos juegos con modo multijugador fomentan el contacto social y la amistad. Escoger los juegos de computador cuidadosamente, ofrecerle al niño juegos que demanden diferentes exigencias y limitar el tiempo de juego según la edad puede ser favorable para el desarrollo psicosocial de niños y jóvenes.

Sin embargo, si los niños juegan demasiado en el computador, la diversión se convierte en estrés. Los niños se desgastan y no tienen más energía para cumplir con las exigencias del colegio, no tienen más fuerza para participar activamente en la vida familiar, para seguir su deporte o cuidar sus amistades.

Si los niños y los jóvenes se comprometen con juegos violentos y los juegan en exceso se corre el riesgo de que sus actitudes inicialmente pacíficas se conviertan en disposiciones hacia la violencia. El siguiente paso en el cambio puede ser incluso el aumento de la agresividad en su comportamiento y la aparición de la violencia como tal. Sin embargo las investigaciones científicas hasta ahora no han podido demostrar una relación directa entre los juegos violentos y la violencia criminal. No obstante parece plausible que la práctica excesiva de juegos violentos de computador sea perjudicial para el desarrollo psicosocial de niños y jóvenes.

Especialmente después de los terribles casos de violencia escolar de Erfurt y Winnenden, producidos por el síndrome de Amok (que consiste en una espontánea explosión de rabia que provoca que una persona hiera o mate a otra persona o animales indiscriminadamente), es cada vez más frecuente que las autoridades pidan la prohibición de los video juegos violentos. Sin embargo, tales exigencias son absurdas e incluso tontas, pues solo demuestran desconocimiento de las técnicas de comunicación e informática actuales.

Los juegos que enaltecen la violencia infringen la ley penal y son incautados por la Fiscalía. Por tanto, el Estado ya está cumpliendo su parte. La atención de la regulación de la protección de menores es, después de, todo una cuestión de los padres y de los demás adultos responsables de los niños.

En otros tiempos se discutía la adicción al computador y no el peligro de embrutecimiento por juegos en computador. Ellos recompensan a los jugadores *ad hoc* por su "rendimiento" y después de la recompensa, según algunos científicos, los niños se pueden volver adictos. Huyen de la realidad para tener más recompensas en el juego. La adicción a los juegos de azar se reconoce como adicción, es decir como enfermedad, mientras que la adicción a los juegos en computador (aún) no.

Es cierto que el exceso de juego en computador es perjudicial para la salud de su hijo y la salud no se refiere únicamente a la parte corporal sino también a la mente y al desarrollo psicosocial del niño.

Este libro es una guía de orientación familiar para padres, y se dirige a ellos especialmente como educadores. Los padres deben decidir:

- A qué edad pueden los niños empezar a jugar en el computador.
- Qué juegos son adecuados según la edad de los niños.
- Cuánto tiempo puede estar el niño frente al computador.

En este libro los padres pueden encontrar información y ayuda para saber cómo actuar frente a la educación de sus hijos. Al mismo tiempo responderemos, entre otras, las siguientes preguntas:

- ¿Un juego puede ser adecuado para un niño, eligiendo un *software* acertado?
- ¿Cuáles juegos en computador son recomendables? ¿Cuáles no lo son?
- ¿Cómo deben reaccionar los padres si su hijo solo se dedica a los juegos de violencia?
- ¿Cómo adquieren los niños una buena competencia mediática?
- ¿Cuándo se vuelve problemático jugar en el computador?
- ¿Cómo pueden prevenir los padres tendencias de adicción al jugar en el computador?
- ¿Qué pueden hacer si jugar computador se vuelve algo excesivo?
- ¿Dónde pueden encontrar ayuda si sus hijos se vuelven adictos a jugar en el computador?

Estas y otras preguntas similares son discutidas con diferente intensidad y se intenta dar respuesta a ellas de la forma más práctica y clara posible. Evidentemente no se puede renunciar del todo al uso de terminología técnica. Expondremos brevemente algunas investigaciones científicas sobre el comportamiento de niños y jóvenes en su tiempo libre, sobre la adicción a jugar en el computador y sobre la relación entre la práctica de juegos violentos y la disposición a la violencia.

Al comienzo se presentan los resultados de diversos estudios científicos de divulgación sobre la llamada adicción a los juegos en computador en niños y jóvenes. Como comparación se recurre a los resultados de estudios acerca del tiempo libre que reflejan el comportamiento, las preferencias y actividades de tiempo libre promedio o normales de niños y jóvenes. Por último, se describen las causas y formas de manifestación del comportamiento similar a la adicción por el juego.

El énfasis de este libro es la prevención de comportamientos problemáticos debido al juego. Concretamente se trata de qué pueden hacer ustedes como padres para evitar en sus hijos las tendencias adictivas al juego; para lograrlo se presentan algunas reglas educativas y se discuten conflictos familiares de educación típicos de determinadas edades.

En esta guía se presentan y evalúan de manera crítica algunos resultados de estudios científicos sobre la relación entre la violencia juvenil y la práctica de juegos violentos de computador; aunque también en la problemática de la violencia el énfasis del libro está en la prevención: ¿qué pueden hacer los padres para evitar potenciales cambios en el comportamiento de su hijo en relación con la agresividad y la disposición a la violencia?

La prevención también incluye el aprovechamiento sensato de los juegos en computador así como su capacidad de fomento del desarrollo en niños y jóvenes. Los padres reciben instrucciones de manejo para el uso de juegos en computador según la edad y recomendaciones para determinados juegos de computador.

CAPÍTULO 1

¿QUÉ TAN DIFUNDIDA ESTÁ LA ADICCIÓN A LOS JUEGOS DE COMPUTADOR?

Los científicos y los médicos aún discuten si existe tal dependencia de los juegos en computador que se pueda hablar de una adicción a los mismos. Al respecto, la *American Psychiatric Association*, asociación de psiquiatras de Estados Unidos, dice que actualmente la adicción a ellos no puede ser diagnosticada como un comportamiento adictivo y por lo tanto no puede ser admitida en el "manual de adicciones". Por el contrario, un grupo berlinés de investigación en la *Charité* de Berlín clasifica la adicción a los juegos en computador como comportamiento adictivo ya que ver un juego de PC por parte del adicto provoca los mismos síntomas que las drogas en los drogadictos. El grupo de investigación realizó una encuesta *online* con 7.000 adultos y clasificó al diez por ciento de los encuestados como adictos. También en una investigación entre estudiantes de colegio de quinto y sexto grado se encontraron problemas de adicción en el diez por ciento de los jóvenes.

Después de un amplio estudio representativo del Instituto de Investigación Criminológico de Baja Sajonia (KFN, por la sigla en alemán) en el que participaron 14.301 estudiantes de noveno grado se encontró un cinco por ciento de jóvenes "adictos a los juegos en computador". Para la verificación de la adicción se desarrolló una escala de dependencia que comprendía pérdida de control, síndrome de abstinencia, efectos negativos en el colegio y efectos negativos en las relaciones sociales.

Los científicos publicaron en su informe de investigación una síntesis sobre los últimos resultados de investigaciones nacionales e internacionales relacionados con la adicción a los juegos de computador entre niños y adultos:

Estudios sobre la dependencia a los juegos de computador

Autores (año)	Grupo de investigación	Tamaño de la prueba	Porcentaje de personas afectadas/ dependientes
Grüsser y otros (2005)	Estudiantes de 6° grado	N = 323	9,3%
Wölfing y otros (2007)	Estudiantes de 8° grado	N = 221	6,3%
Quant; Wimmer (2007)	Jugadores *online*; 14-64 años	N = 732	5,0%
Mößler y otros (2007/2009)	Estudiantes de 9° grado	N = 14301	5,0%
Yang (2001)	Estudiantes de 7° a 11° grado	N = 1296	6,1%
Hauge; Gentile (2003)	Estudiantes de 8° y 9° grado	N = 607	15,0%

Se observa que la dimensión de dependencia comprobada en las diferentes investigaciones varía bastante, lo que puede depender, entre otros factores, de los diferentes instrumentos de medición empleados durante las encuestas.

En los años 2007 y 2008 el KFN encuestó a 44.610 estudiantes de noveno grado, con lo cual se demostró que el 4,3% de las niñas encuestadas y el 15,8% de los niños jugaban computador en exceso, a saber, 4 a 5 horas diarias.

No es asombroso que los jugadores intensivos tengan un bajo rendimiento en el colegio, pues el juego en computador excesivo exige demasiada capacidad de rendimiento, concentración y receptividad.

Jugar en el computador más de cuatro horas diarias es problemático. Si se hacen cuentas, un quinceañero duerme entre siete y ocho horas, está en el colegio seis horas o más, y además juega computador cuatro horas y media, entonces solo le quedan aproximadamente seis horas para otras cosas: higiene personal, comida, tareas, relaciones sociales.

Independientemente de que esos jugadores intensivos sean clasificados como adictos o como posibles adictos deben cambiar su comportamiento pues jugar en el computador más de cuatro horas diarias tiene efectos negativos sobre su desarrollo.

¿Quiénes están en peligro de volverse jugadores intensivos?

En las encuestas realizadas en las escuelas por el KFN también se investigó qué factores convierten el juego en computador en algo problemático y cuáles son factores de riesgo para la adicción a los juegos.

El primer factor es el género: entre los "jugadores problema" prevalecen notoriamente los niños y jóvenes de sexo masculino; aparte de eso se determinaron factores de riesgo sociales, psíquicos y psicosociales.

Factores sociales: estatus marginado en el curso, integración deficiente en el colegio, deficiencia de experiencias exitosas reales, situaciones violentas en la familia.

Factores psíquicos: depresión, miedo, especialmente al colegio, trastorno por déficit de atención con hiperactividad e impulsividad.

Factores psicosociales: deficiente manejo del estrés, baja autoestima, escasa susceptibilidad al conflicto, débil competencia argumentativa, alta aceptación de la violencia.

Mediante las encuestas se comprobó que los niños y los jóvenes aumentan su tiempo de juego en el computador cuando fracasan en la vida real. En el juego se compensan las experiencias de fracaso y las vivencias cotidianas negativas, el juego proporciona sentimientos de poder y control, el sentimiento de tener un alto rendimiento, de no ser impotente.

La adicción a los juegos en computador también se ve favorecida porque los jugadores siempre buscan la repetida confirmación de su éxito y con esto el incremento de su importancia en el juego.

Para diagnosticar la adicción a los juegos en computador se tienen en cuenta factores que son relevantes para la verificación de comportamientos adictivos en otras áreas como por ejemplo la adicción a las drogas:

- Pérdida del control: un jugador adicto no tiene la capacidad de controlar su tiempo de juego.

- Síndrome de abstinencia: cuando el jugador no tiene la oportunidad de jugar aparecen trastornos vegetativos como temblor, sudoración, nerviosismo o irritabilidad.

- Evolución de la tolerancia: el jugador necesita cada vez más tiempo de juego para sentirse satisfecho; debe aumentar su "dosis".

- Limitación de la libertad de acción: las actividades cotidianas como alimentación, higiene, asistencia al colegio, trabajo o contacto social se descuidan por el juego en computador.

- Consecuencias negativas: descenso en el rendimiento académico, pérdida de amigos, riñas con los padres; todo se acepta para poder jugar.

- Ansiedad fuerte: el jugador siente la obligación de jugar computador y no puede resistirse.

Esa transferencia de síntomas supone que la llamada "adicción a los juegos en computador" en realidad sea un comportamiento adictivo que sería equiparable a una adicción a algo tangible. Como ya se mencionó, los resultados de las investigaciones realizadas hasta hoy aún no justifican esa transferencia de síntomas, pero la *American Medical Association* estudia en qué medida la adicción a los juegos en computador se podrá encontrar en el año 2012 en su "Manual de las adicciones". En este momento los diagnósticos aún no son suficientes para denominar como "adicto" al jugador en computador intensivo.

Para los padres afectados no es importante saber cómo clasifican los científicos la adicción a los juegos en computador, para ellos la única pregunta interesante es cómo pueden ayudar a su hijo si muestra ese comportamiento anómalo. También es importante para los padres saber cuándo es demasiado el tiempo que sus hijos juegan en el computador.

Resumen

Como lo muestran diferentes investigaciones, hay una pequeña cantidad de niños y jóvenes (3-5%) que notoriamente pasan mucho tiempo jugando en el computador y por eso manifiestan un comportamiento similar al de una adicción. Estos jugadores intensivos tienen fuertes trastornos en el ámbito social: tienen problemas para relacionarse en el mundo real, muestran fracaso y rechazo escolar, huyen de la realidad y se encierran en el cuarto del computador.

Sin embargo, en este punto es necesario preguntarse acerca de las causas y las consecuencias: ¿Los problemas de relaciones personales y el fracaso escolar llevan a la fuga hacia el mundo virtual o, más bien, son los problemas sociales y de rendimiento la consecuencia del desmesurado juego de computador? Esta pregunta no se puede responder con toda claridad. Seguramente hay una relación entre todos esos factores y se puede partir de la base de que el excesivo juego en computador conlleva el empeoramiento de los problemas y todo termina en un círculo vicioso del que niños y jóvenes no pueden salir sin la ayuda de terceros.

¿QUÉ HACEN LOS NIÑOS Y LOS JÓVENES EN SU TIEMPO LIBRE?

Para determinar si su hijo muestra un comportamiento anormal por los juegos de computador es interesante saber qué hacen normalmente los niños y jóvenes en su tiempo libre.

El tiempo de la niñez y de la juventud es tiempo mediático, así se puede caracterizar la situación actual de niños y jóvenes sin caer en exageraciones. Todo empieza temprano en la mañana (el despertador para levantarse, el celular o el MP3 para el camino al colegio y posiblemente también para el descanso en el colegio) y eso se prolonga, normalmente para el disgusto de los padres, especialmente después de salir del colegio o en el tiempo libre.

Quién no conoce la siguiente situación: el muchacho está sentado frente al televisor, al mismo tiempo está buscando en la inmensidad de Internet el último video que un amigo le acaba de contar en una larga conversación por celular. Sin embargo, al terminar la llamada telefónica el muchacho no se concentra en un único medio, sino que sigue haciendo uso de la diversidad de los medios de comunicación: celular, PC, televisor, y de ser posible también el reproductor de MP3 o una consola portátil. Con frecuencia los padres están furiosos o mueven la cabeza en señal de desaprobación frente a esta forma de interacción "multitasking" y se preguntan una y otra vez cómo se puede hacer todo eso al mismo tiempo.

El consuelo es que a muchos padres les sucede lo mismo. No obstante, en los últimos años se ha observado un excesivo aumento general del tiempo que se dedica al uso de medios electrónicos.

La Asociación Investigativa Pedagógico-Mediática del Suroccidente (MPFS, por su sigla en alemán) sondea la utilización de medios por parte de niños y jóvenes en Alemania desde hace varios años; para eso se les pregunta por su comportamiento mediático a niños (entre 6 y 13 años) y jóvenes (entre 12 y 19 años). En esas investigaciones no solamente se habla con el niño, sino también con los "principales educadores", normalmente con las respectivas madres. Las investigaciones son representativas a nivel nacional, es decir, muestran un cuadro fiable del uso y la posesión de medios por parte de niños y jóvenes alemanes.

La posesión de aparatos en los hogares con niños entre 6 y 13 años es impresionante, como lo aclara la gráfica de la parte superior. En relación con el computador los siguientes resultados son interesantes, pues:

- En el 88% de los hogares hay un computador/Laptop/Notebook.
- En el 85% de los hogares hay acceso a Internet.
- En el 63% de los hogares se puede encontrar una consola de juegos portátil o no.
- En el 17% de los hogares los niños ya poseen un computador propio.

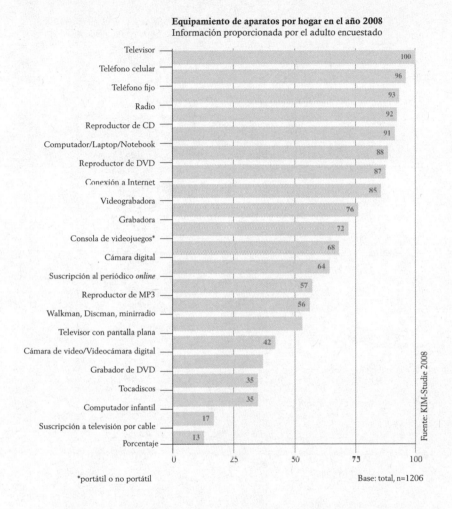

Equipamiento de aparatos por hogar en el año 2008
Información proporcionada por el adulto encuestado

Aparato	Porcentaje
Televisor	100
Teléfono celular	96
Teléfono fijo	93
Radio	92
Reproductor de CD	91
Computador/Laptop/Notebook	88
Reproductor de DVD	87
Conexión a Internet	85
Videograbadora	76
Grabadora	72
Consola de videojuegos*	68
Cámara digital	64
Suscripción al periódico *online*	57
Reproductor de MP3	56
Walkman, Discman, minirradio	
Televisor con pantalla plana	42
Cámara de video/Videocámara digital	
Grabador de DVD	35
Tocadiscos	35
Computador infantil	17
Suscripción a televisión por cable	13
Porcentaje	

Fuente: KIM-Studie 2008

*portátil o no portátil   Base: total, n=1206

También el acceso directo a los medios por parte de jóvenes de esa edad es notable, como lo muestra la gráfica.

De esta manera

- El 59% de los jóvenes y el 48% de las jóvenes posee una consola de juegos.
- El 18% de los jóvenes y el 12% de las jóvenes tiene un Laptop propio.
- El 12% de los jóvenes y el 7% de las jóvenes tiene acceso propio a Internet.

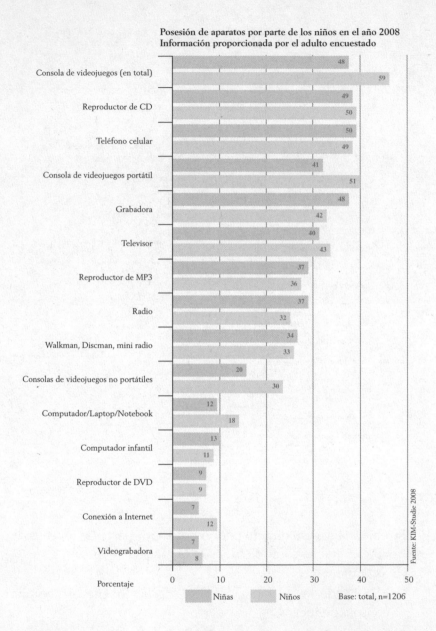

Posesión de aparatos por parte de los niños en el año 2008
Información proporcionada por el adulto encuestado

	Niñas	Niños
Consola de videojuegos (en total)	48	59
Reproductor de CD	49	50
Teléfono celular	50	49
Consola de videojuegos portátil	41	51
Grabadora	48	42
Televisor	40	43
Reproductor de MP3	37	36
Radio	37	32
Walkman, Discman, mini radio	34	33
Consolas de videojuegos no portátiles	20	30
Computador/Laptop/Notebook	12	18
Computador infantil	13	11
Reproductor de DVD	9	9
Conexión a Internet	7	12
Videograbadora	7	8

Porcentaje   0   10   20   30   40   50

Niñas   Niños   Base: total, n=1206

Fuente: KIM-Studie 2008

Al preguntarles a niños y niñas por las actividades de tiempo libre más frecuentes indiscutiblemente aparecen siempre en primer lugar las tareas escolares. Esto en cierta medida es significativo porque muestra que a pesar de que existen muchas posibilidades para emplear el tiempo libre ocupados con medios electrónicos, las tareas escolares aún son un motivo de concentración. Sin embargo, la televisión sigue siendo vista por niños y jóvenes de esa edad como el principal medio de distracción: es equivalente, pues el 97% de los encuestados declararon ver televisión diariamente o varias veces a la semana. En este caso el uso del computador está un poco relegado pues solo el 23% de los jóvenes admiten usarlo diariamente y otro 43% usan el computador una o varias veces por semana.

Las consolas de juego portátiles son usadas por el 16% de los encuestados diariamente y por un 36% una o varias veces por semana, si se parte del hecho de que precisamente en los grupos de menor edad el uso de aparatos electrónicos sigue siendo muy bajo, se puede entender el significado de los medios de comunicación en la rutina de niños y jóvenes.

Si solo se contempla el uso de los computadores en los niños, se puede observar sin exageraciones que los niños de hoy evidentemente crecen en medio de computadores y, por tanto, han integrado los aparatos de manera "normal" a su vida cotidiana. Esto también se puede ver en la frecuencia de uso de medios calculada por la Asociación Investigativa Pedagógico-Mediática del Suroccidente (MPFS).

Jugar hace parte de las actividades más frecuentes (eso debe asombrarlo muy poco si usted es padre de familia). El 72% de los jóvenes mayores encuestados señalaron usar el computador por lo menos una vez a la semana para jugar (el 50% de las niñas). Pero que no se pueda seguir hablando de un aislamiento de los niños frente al computador, como se suponía hace algunos años, lo demuestra el hecho de que el 57% de los jóvenes encuestados dicen usar el computador para jugar en compañía de sus amigos por lo menos una vez a la semana (el 43% de las niñas). Navegar en Internet se encuentra en tercer lugar entre los más experimentados (el 52% de los niños y el 44% de las niñas dicen hacerlo por lo menos una vez a la semana).

Resumiendo, se puede concluir que en el grupo de niños entre 6 y 13 años los juegos de computador (ya sea en PC, consola o teléfono celular) forman parte de su vida cotidiana y su realidad así como la televisión; y precisamente porque las posibilidades de uso se dan con frecuencia fuera del entorno familiar se esconden

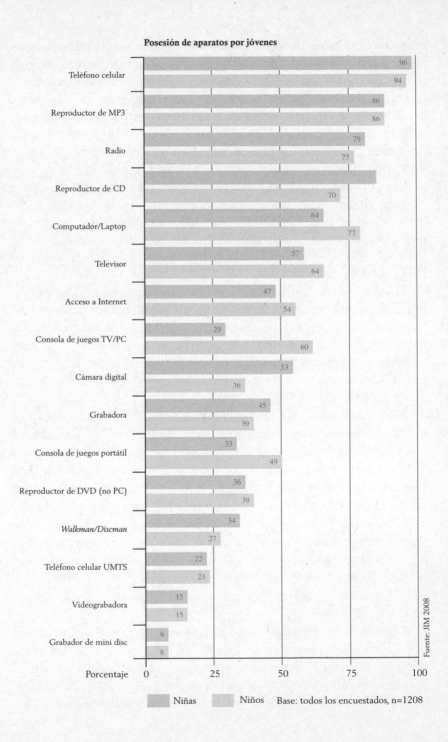

Posesión de aparatos por jóvenes

Niñas Niños Base: todos los encuestados, n=1208

Fuente: JIM 2008

ciertos riesgos, por ejemplo en el uso del Internet. Por lo tanto, es necesario ofrecer a los niños de esta edad las competencias necesarias para el uso de tales medios. Y este punto no es una tarea exclusiva del colegio, los padres deben ocuparse especialmente de eso.

Que la enseñanza de competencias mediáticas deba realizarse desde tan temprana edad se fundamenta también en que el uso de medios por parte de los niños aumenta continuamente con su edad, como lo documentan los resultados de la MPFS en el grupo entre 12 y 19 años. En ese grupo fueron encuestados tanto padres como hijos y los resultados también muestran un cuadro de gran valor informativo sobre la posesión y uso de medios en este grupo específico.

Como se observa en la siguiente gráfica, los hogares con jóvenes poseen una gran cantidad de medios; teléfonos celulares, computadores/Laptops y televisores se encuentran frecuentemente y en mayor cantidad. Estadísticamente visto hay en cada casa 3,8

Disposición de aparatos por hogar en el año 2008
Selección

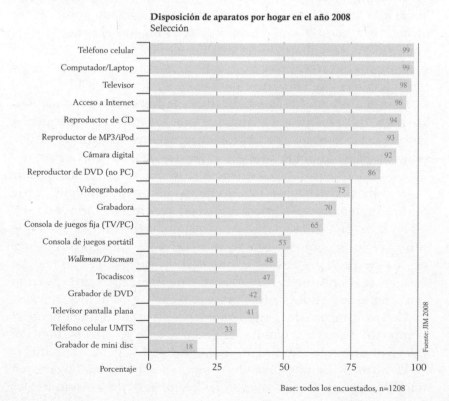

Fuente: JIM 2008

Base: todos los encuestados, n=1208

teléfonos celulares, 2,5 televisores, 2,3 computadores, 2,1 reproductores de MP3, 1,6 cámaras digitales y conexiones a Internet así como 1,1 consolas de videojuegos. Frente al consumo del año 2007 aumentó especialmente la compra de consolas portátiles (en un 7% frente al año anterior), así como el acceso a Internet (en un 6%) y la posesión de un computador propio (en un 4%) en comparación con el año anterior.

Con respecto a la posesión de aparatos electrónicos, se observan claras diferencias entre los y las jóvenes, como lo presentó la gráfica anterior. Mientras que el teléfono celular y el reproductor de MP3 están casi de igual forma distribuidos entre los y las jóvenes, es más frecuente que los jóvenes posean un computador (77% frente a 64%) y una consola de juegos portátil (49% frente a 33%).

En cuanto la frecuencia de uso de estos apartados predominan claramente el televisor y el computador. El 89% de los jóvenes encuestados admiten usar ambos medios frecuentemente varias veces a la semana. Especialmente con los juegos de computador se observan notorias diferencias relacionadas con el género de los encuestados: casi cuatro veces más jóvenes (hombres 41%) juegan diariamente o varias veces por semana, mientras que entre las jóvenes (mujeres) la cifra solamente se encuentra en un 11%.

Con el aumento de la edad cambia la importancia de algunos aparatos entre los jóvenes. Mientras que los niños más pequeños, entre 6 y 13 años, no pueden renunciar fácilmente a la televisión, esta va perdiendo importancia con el paso de los años y otros medios, como el computador e Internet, adquieren más significado. Cuanta más edad tengan los jóvenes se interesarán menos por la televisión pero no sucede lo mismo con el computador o Internet.

En relación con la imagen ya mencionada del niño o joven que utiliza varios medios a la vez y que desearía ser visto por sus padres como "multitasking", es decir, que tiene la posibilidad de realizar varias cosas al mismo tiempo, la siguiente gráfica y la investigación muestran que se trata de una práctica bastante común.

Con el aumento de la edad también aumenta continuamente el tiempo de juego de computador y los fines de semana la duración es mayor que entre semana, como lo muestra la gráfica anterior.

El gasto de tiempo jugando computador es en los hogares un tema de discusión; el contenido de los juegos, por el contrario, es pocas veces tematizado. Solo una cuarta parte de los encuestados aceptan haber llegado a un acuerdo con sus padres acerca del contenido de los juegos, mientras que aproximadamente una tercera parte afirman llegar a un acuerdo por la duración de los mismos. Ante la discusión pública parcialmente controversial y acalorada sobre los contenidos de los juegos violentos y la duración del tiempo de juego (adicción), los niños y jóvenes dicen que esos temas no son muy tratados por su familia en sus hogares. Posiblemente esto se puede justificar en el hecho de que los padres no estén muy familiarizados con esas "nuevas" formas de pasar el tiempo libre y, por tanto, les sean poco conocidas.

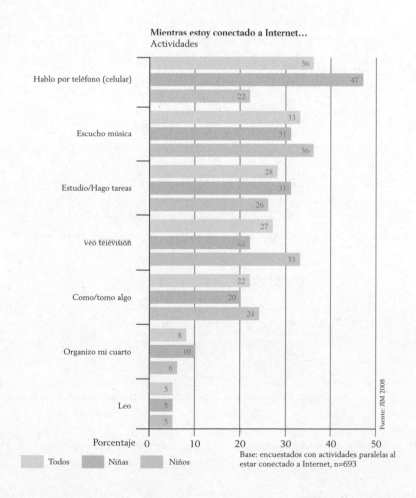

Mientras estoy conectado a Internet...
Actividades

Fuente: JIM 2008

Porcentaje

Todos   Niñas   Niños

Base: encuestados con actividades paralelas al estar conectado a Internet, n=693

Además también es posible que los niños aún consideren como su actividad favorita del tiempo libre encontrarse con sus amigos y no solamente usar medios electrónicos, como lo muestra la siguiente gráfica. Es verdad que la televisión se encuentra en el tercer lugar en la escala de predilección, pero los niños entre 6 y 13 años siguen prefiriendo encontrarse con sus amigos y jugar afuera.

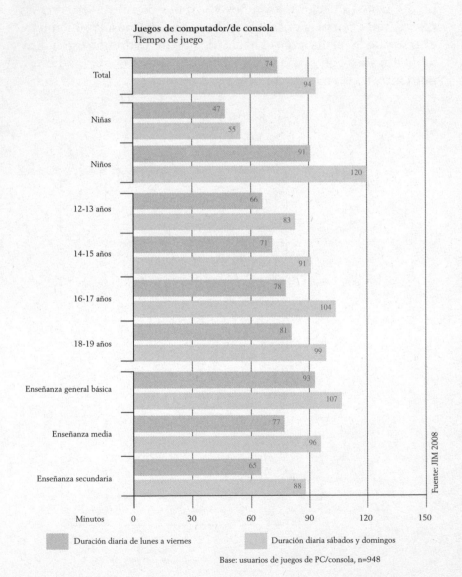

Juegos de computador/de consola
Tiempo de juego

Base: usuarios de juegos de PC/consola, n=948

Fuente: JIM 2008

Actividades de tiempo libre favoritas
Hasta tres en total

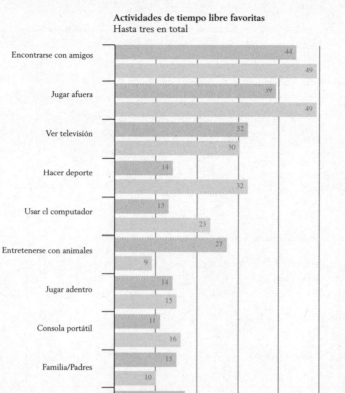

Fuente: KIM-Studie 2008. Se nombra a partir de 5%

Base: total, n=1206

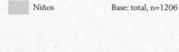

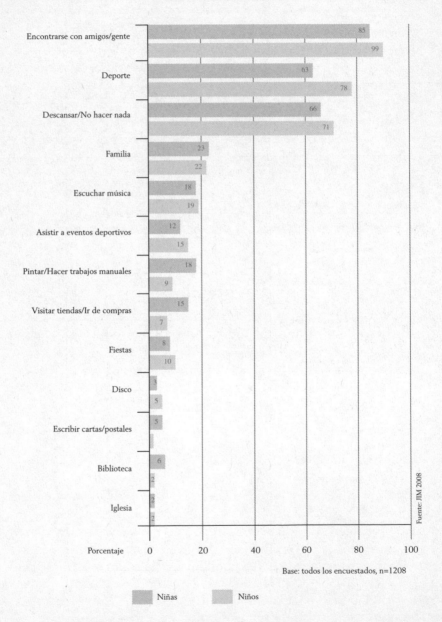

Actividades de tiempo libre sin aparatos electrónicos
Diario/varias veces por semana

Base: todos los encuestados, n=1208

Niñas   Niños

Fuente: JIM 2008

Lo mismo sucede con los jóvenes entre 12 y 19 años; también en este grupo predominan las actividades de tiempo libre sin medios, por ejemplo, encontrarse con amigos, el deporte o simplemente descansar.

Ante el gran desarrollo ya previsible de las posibilidades técnicas también en el campo de los juegos en computador los padres deberían familiarizarse desde temprano con dicha temática; especialmente con la "libertad ilimitada" que el acceso a Internet ofrece a niños y jóvenes y que puede llegar a ser problemático. Ya es posible encontrar en Internet varios juegos y no se necesita ser vidente para darse cuenta de que las ofertas de juegos *online* pronto estarán a la altura de los juegos en CD-ROM y a corto o largo plazo los van a reemplazar.

Es innegable que ese tipo de oferta se impondrá, pues para quienes producen y desarrollan los juegos resulta más atractiva que la comercialización de imágenes por diversas razones: por una parte disminuye el riesgo de pérdida por superproducción. Además, se suprimen los costos de producción y el contacto directo con los clientes; así mismo sus comentarios ofrecen notables ventajas en el desarrollo de nuevos juegos de computador y en la relación con los clientes. Esto significa que el atractivo de ese tipo de ofertas aumentará, por lo que los padres deben tener cuidado debido a que las aparentemente tentadoras ofertas del mundo mediático se podrán encontrar también en un futuro dentro de las actividades de tiempo libre favoritas de sus hijos, ocultas detrás de las redes sociales reales y de los juegos en común.

¿Cuándo es excesivo el juego en el computador?

Los niños y jóvenes deberían tener otros intereses además de jugar computador, trabajar en el PC y comunicarse mediante redes virtuales (chatear). Para su bienestar físico es necesario realizar ejercicio, por ende los niños y jóvenes deberían practicar algún deporte como pasatiempo. Para el desarrollo psicosocial no se debe renunciar a las relaciones familiares y de amistad, por lo tanto niños y jóvenes deberían pasar tiempo suficiente con su familia y amigos: comer juntos, hablar, hacer algo juntos. Ya que el día solo tiene 24 horas y los menores deben dormir aproximadamente una tercera parte de ese tiempo se debe limitar el tiempo frente al computador. Esa limitación debe ajustarse según la edad.

El primer criterio para determinar ese límite de tiempo es la capacidad de concentración: aproximadamente 20 minutos en los niños de preescolar y escuela primaria. En el transcurso de la época escolar básica aumenta a 40 minutos. Por este motivo los niños de escuela primaria no deben jugar computador más de media hora diaria, pues se les puede volver una sobreexigencia. Cuando los niños juegan demasiado tiempo la diversión del juego se convierte en estrés aunque no lo perciban de tal forma. Jugar por tanto tiempo y sobreexigir la capacidad de concentración del niño puede acarrear daños físicos con el paso del tiempo: dolor de cabeza, nerviosismo. La exigencia excesiva además puede presentarse mediante trastornos mentales como irritabilidad excesiva y agresividad. Por estas razones debe tener reglas de juego claras con su hijo.

Observe a su hijo con atención. Si está hablando con amigos o con usted, leyendo el periódico o viendo televisión y a la vez juega con el pelo, se come las uñas, se muerde la piel alrededor de los dedos o muestra alguna otra actitud de nerviosismo, puede ser por pasar demasiado tiempo jugando en el computador.

El segundo criterio es la limitación de los intereses. Si su hijo no sabe hacer nada más en su tiempo libre aparte de jugar en el computador, se aburre y el aburrimiento solo se le pasa con juegos de PC, es demasiado. Las actividades de tiempo libre de su hijo deben ser equilibradas y jugar en el computador no debe tener ninguna prioridad sobre otras actividades. Fíjese si su hijo tiene otros pasatiempos además de jugar en el computador: deporte, música, pintura, etc. El tiempo libre de su hijo no debe girar alrededor del computador o de la consola de juegos, más bien el jugar debe tener una función suplente. El niño juega porque no hay nada mejor qué hacer, porque se aburre. El aburrimiento es, al igual que antes, como lo demuestran estudios sobre el tiempo libre, el principal motivo entre niños y jóvenes para jugar computador. Los tiempos de aburrimiento deben disminuir y ocuparse con pasatiempos, encuentros con amigos y actividades familiares.

El tercer criterio es el descuido de las relaciones sociales. Si su hijo prefiere jugar computador a estar con sus amigos, esta actividad está dominando su vida. Aunque su hijo practique juegos de rol con otros participantes, por ejemplo *World of Warcraft* o *Counter-Strike*, y se comunique con ellos, o pase horas enteras chateando con otros niños de su edad, todo eso es perjudicial para su desarrollo social. El contacto virtual no puede reemplazar las relaciones reales de amistad. Debe estar atento a que su hijo se relacione principalmente con amigos concretos, reales, que practique algún deporte con otros niños de su edad, que salga de viaje, de compras o al cine, o que simplemente salga.

Jugar videojuegos con amigos, hermanos o padres es más conveniente para el desarrollo psicosocial de su hijo que hacerlo solo. Además hay muchos juegos fascinantes que niños y jóvenes pueden practicar con sus amigos, como los juegos deportivos, desde el fútbol hasta las carreras de carros pasando por el tenis, juegos de aventura, de rol, de agilidad mental. Pero el juego en el computador en compañía tampoco debe superponerse a otras actividades de tiempo libre. En este punto es igualmente importante tener un comportamiento equilibrado.

El cuarto criterio son las tareas escolares. Si nota un descenso en el rendimiento de su hijo en la mayoría de las materias, incluidas sus materias favoritas, esto puede deberse al exceso de juegos en computador. En este caso el factor tiempo es más importante que el contenido de los juegos que su hijo practica y lo conducen a su bajo rendimiento académico. Si un niño o un joven pasan muchas horas al día jugando en el computador, van a tener muy poco tiempo para estudiar e intercambiar ideas con sus amigos. Además, los videojuegos exigen una gran concentración y los jóvenes no tienen una capacidad de recepción y rendimiento ilimitada; si después del colegio primero juegan dos horas computador y después hacen sus tareas o estudian para la siguiente clase los resultados serán bastante insuficientes pues la concentración del niño ya está agotada. ¡Las baterías están totalmente descargadas!

Negocie con su hijo horarios de juego claros y ponga límites precisos que pueda argumentar. Es importante que su hijo vea que jugar computador en exceso tiene consecuencias negativas, perjudiciales para su desarrollo y su salud. Los horarios para jugar en el computador deben negociarse desde muy temprano con su hijo, antes de que aparezcan las consecuencias negativas ya enumeradas.

¿CÓMO RECONOZCO EL PELIGRO DE LA ADICCIÓN A LOS JUEGOS EN COMPUTADOR?

Ya que el término adicción a los juegos en computador es tan controvertido, se hablará en adelante de "comportamiento problemático en el juego". Existe un comportamiento problemático en el juego cuando niños y jóvenes pasan una gran cantidad de su tiempo de vida frente al computador, descuidando u olvidando por completo sus obligaciones cotidianas y sus relaciones sociales.

Algunas dimensiones peligrosas del juego en computador se presentan:

- Cuando los jugadores ya no tienen amigos reales, se retraen todo el tiempo en su habitación y en su mundo virtual aventurero. Este fenómeno se incrementa cuando además oscurecen su cuarto para protegerlo del mundo real exterior.

- Cuando los jugadores descuidan actividades cotidianas como el cuidado personal o la alimentación debido al juego de computador.

- Cuando los jugadores pierden el sentido del tiempo y del espacio, no cumplen sus citas, juegan hasta altas horas de la noche y tienen problemas de sueño.

- Cuando los jugadores rinden muchísimo menos en el estudio o en el trabajo, su descenso del rendimiento les es indiferente y faltan al colegio o al trabajo para no separarse del computador.

- Cuando los jugadores pierden la noción de la realidad y verdaderamente huyen al mundo virtual. Los argumentos para limitar el tiempo de juego no son válidos, no perciben cambios en sí mismos y finalmente fijan toda su atención en el juego en el computador.

- Cuando los jugadores presentan síntomas de abstinencia al permanecer sin juego en el computador: reaccionan de manera agresiva, se vuelven extremadamente nerviosos, depresivos y pierden la iniciativa.

- Cuando los jugadores se niegan totalmente a las exigencias de su entorno cercano, no continúan participando de la vida familiar, pierden la comunicación con sus padres, hermanos y amigos.

Si su hijo presenta uno o más de estos síntomas usted debe intervenir en consecuencia. Esperar pacientemente a que todo mejore no tiene lugar en esta situación; su hijo debe alejarse de los juegos en computador. Si ya está tan enviciado a los juegos de computador que no es posible hablar con él, que no acepta alternativas más interesantes, es necesario que recurra a ayuda profesional y consulte a un consejero familiar o busque orientación educacional.

Una buena forma de ayudar a su hijo es, por ejemplo, planear unas vacaciones familiares durante una pausa del juego, siempre y cuando aún esté dispuesto a hablar y a cambiar su comportamiento: en un entorno desconocido desaparecen las situaciones cotidianas de las que su hijo huye mediante el computador o la consola de juegos. No deben llevar juegos ni computadores portátiles a las vacaciones y usted debe encargarse de que el café-Internet también sea tabú. Si su hijo descubrió que también puede vivir dos o tres semanas sin computador y que hay otras cosas que lo divierten, si estuvo en contacto con otros niños de su edad, en casa usted puede edificar con su hijo un nuevo concepto de actividades de tiempo libre sobre la positiva experiencia de esas vacaciones, puede desarrollar con él una nueva conciencia del deber y lo más importante, puede acordar un estricto horario limitado de uso del computador. Llegue a un acuerdo de comportamiento con su hijo: la violación del horario de uso del computador se castiga, las buenas notas en el colegio, el cumplimiento del deber y la práctica de un nuevo pasatiempo se recompensan.

¿QUÉ TAN GRANDE ES EL RIESGO DE CONVERTIRSE EN UN "ADICTO A LOS JUEGOS EN COMPUTADOR"?

Como ya se describió, son muy pocos los niños y jóvenes que muestran un comportamiento similar a la adicción por los juegos. También en relación con los juegos online *Counter-Strike* y *World of Warcraft*, a los cuales se les atribuye un especial carácter adictivo, las cifras aún no dan motivos para entrar en pánico. La mayoría de los niños y jóvenes tienen dominio sobre los juegos *online*; sin embargo, necesitan límites estrictos para jugar y un sistema de valores claro que regule su vida cotidiana.

A modo de explicación se presenta una entrevista con un joven jugador de *World of Warcraft*:

Marco acaba de cumplir dieciocho y viene de una familia normal, su padre es empleado y su madre decoradora de interiores en un trabajo de medio tiempo. Marco acaba de terminar la escuela secundaria y está asistiendo a clases para presentar su examen final. Marco juega *World of Warcraft* (WoW) desde los catorce años.

—Marco, tú juegas WoW, ¿qué eres en el juego?

—Soy miembro de una horda y en ella soy el sacerdote.

—¿Sacerdote?

—Sí, soy sacerdote de los no-muertos renegados, es una buena posición.

—¿En el juego solo hay figuras de fantasía, como un sacerdote no-muerto en la horda?"

—No, pero hay bastantes. Las figuras humanas son los paladines, son simplemente miembros de otra clase".

—Marco, ¿por qué juegas WoW desde hace más de 4 años?"

—¡El juego es increíble, produce una verdadera adicción! Nos encontramos con amigos del mismo grupo *online*, superamos tareas en grupo e intentamos avanzar a toda costa. Avanzar y alcanzar el nivel más alto de nuestro propio personaje".

—Dijiste "amigos". ¿Chateas con los otros jugadores de tu horda también sobre cosas privadas y personales?"

—Sí, claro, pero en realidad no son verdaderos amigos. Solo nos encontramos *online* y chateamos, también sobre temas personales pero no como se hace con los amigos de verdad.

—¿Cómo es la gente con la que juegas?

—La mayoría son hombres, casi todos mayores que yo. Muchos son casados o viven con su novia.

—Marco, dices que WoW produce adicción. ¿Crees que eres adicto? ¿Cuánto tiempo juegas a diario?

—Entre semana casi no juego, mis papás están en contra de eso por el colegio y esas cosas. Pero el fin de semana juego cuatro o cinco horas seguidas, es el tiempo que se necesita para poder avanzar.

—¿Los otros jugadores también tienen tiempo entre semana, cuándo tú no puedes?

—Claro, ellos juegan más que yo.

—¿Y no te sientes mal por dejar solos a tus amigos *online* en las tareas grupales?

—Sí, claro. Cuando mis papás salen a pasear al perro juego un poco y luego dejo de hacerlo cuando regresan. Pero los demás jugadores tampoco tienen tanto tiempo. Hay uno que nunca puede los sábados porque debe salir con su novia.

—¿Cuando no puedes piensas todo el tiempo en eso?

—Claro que no. ¡No estoy loco! Por ejemplo, las últimas semanas no he podido jugar porque me estoy preparando para el examen final. A veces también digo: deja el juego y mejor haz algo con tus amigos o se van a molestar porque siempre sacas excusas. También dejé de jugar cuando hice el examen para sacar la licencia de conducción porque no tenía tiempo.

—Marco, después de todo lo que me has contado sé que estás muy lejos de ser adicto a WoW. Te encuentras con tus amigos, haces tus deberes escolares y casi siempre sigues las reglas que tus papás te han puesto para jugar e intentas evitarte estrés y problemas con ellos. Pero obviamente estás fascinado por el juego desde hace mucho tiempo, ¿Qué es tan fascinante?

—No lo sé con exactitud. Se empieza siendo pequeño, se avanza más y más, se gana oro y poder, se solucionan tareas en compañía de otros, es decir, trabajo en equipo, se conocen nuevas personas con las que se empieza una amistad. Eso es genial. Claro que también hay otros juegos fascinantes, por ejemplo Mario Cart, ¡en ese también quiero avanzar todo el tiempo!

(Esta entrevista se transcribió textualmente; el nombre del entrevistado fue modificado).

Aunque Marco está totalmente fascinado por WoW ha logrado ser un jugador controlado por más de cuatro años: somete sus ganas de jugar a las exigencias de su vida cotidiana, suspende el juego para prepararse para su examen, para encontrarse con sus amigos "reales", apaga el computador cuando sus padres llegan a casa para evitar conflictos con ellos. A veces cuando tiene la oportunidad no cumple con los límites que sus padres le han puesto pero aguanta las ganas de jugar para mantener la armonía en su hogar. Marco no ha perdido la relación con la realidad, tiene un claro sistema de valores que regula su vida cotidiana. Marco no es adicto al juego, ni siquiera es un jugador intenso; sus padres le pusieron límites claros y le enseñaron buenos valores y normas que para él guían sus acciones. Marco no es la excepción entre los jugadores de WoW pues muchos de ellos son capaces de someter sus deseos por el juego a las exigencias de su vida cotidiana, son conscientes de sus responsabilidades y pueden trabajar en cooperación con otros.

Resumen

El término "adicción a los juegos en computador" es un término inventado y no una denotación para un cuadro clínico ya que el excesivo juego en computador aún no ha sido reconocido como un comportamiento adictivo. La cantidad de niños y jóvenes que son clasificados como adictos o posibles adictos es aún muy baja. No obstante, hay niños y jóvenes que con frecuencia permanecen mucho tiempo frente al computador, pues además de jugar hay momentos en los cuales chatean con otros niños o jóvenes de su misma edad. Los niños y jóvenes que pasan mucho tiempo jugando en el computador o en la consola de juegos son conocidos en Alemania como *Vielseher*. Entre esos niños y jóvenes existe el riesgo de ser "abandonados a los medios"*. Según las investigaciones del Instituto de Investigación Criminológica de Baja Sajonia, ya en el año 1998 el 18% de los niños y el 13% de las niñas de noveno grado encuestados pasaban más de cuatro horas diarias frente al televisor; adicionalmente dos tercios de los niños decían jugar en el computador con regularidad, entre las niñas solo lo hacía el 14%. Entre esos niños el tiempo libre está dominado por la televisión y los juegos en computador.

Se le da la razón al profesor Christian Pfeiffer cuando asegura "quien en su tiempo libre pasa diariamente más de cuatro horas frente al computador o al televisor desaprovecha su vida Su competencia social no se desarrollará totalmente". No es sorprendente que los niños y jóvenes que pasan diariamente cuatro o más horas frente al televisor o al computador no puedan rendir lo esperado en el colegio. Adicionalmente sufren por falta de movimiento y tienen carencias en su vida social real. De ahí que los padres deban supervisar las actividades de tiempo libre de sus hijos, preocuparse por la variedad de dichas actividades y poner límites claros para el uso de la televisión y el computador.

Como lo muestra el ejemplo de Marco, los niños y jóvenes deben someter y poder someter el juego en computador a las demás obligaciones sociales de su vida cotidiana. Por esto se señala que los padres deben empezar a educar a sus hijos en este sentido desde muy temprana edad, desde el preescolar, ponerles límites claros y comprensibles y al mismo tiempo poner a su disposición una oferta de actividades de tiempo libre adecuada para su edad. Los padres que por motivos laborales, financieros o por algún otro motivo no puedan ofrecer a sus hijos actividades atractivas para el tiempo libre pueden recibir ayuda a través de guarderías, jardines infantiles o colegios de jornada completa.

---

*   Pfeiffer, C., Mößle, T., Kleinmann, M. & Reihein, F.; Die PISA-Verlierer und ihr Medienkonsum. Eine Analyse auf der Basis verschiedener empirischer Untersuchungen. En Schneider, M. & Schwanebeck, A. Editorial Reinhard Fischer, 37-69

CAPÍTULO 2

VIOLENCIA VIRTUAL EN MUNDOS VIRTUALES, ¿VIOLENCIA REAL EN EL MUNDO REAL?

Uno de los temas centrales de discusión política y pública son las posibles consecuencias negativas de la presentación de violencia y la pregunta sobre si la violencia mostrada en los juegos es adoptada en la realidad. El ludólogo profesor Jürgen Fritz, de la Escuela Superior de Colonia, describió el problema de la siguiente manera: "En este punto surge la pregunta: ¿Es posible que algo que tiene lugar en el mundo virtual pueda ser transferido al mundo real? En otras palabras: con la proximidad de los juegos en computador a los estándares del cine y la televisión se hace más urgente la respuesta a la pregunta por los efectos de los mundos virtuales y con ello también aumenta la duda sobre si a través de los juegos en computador y sus temáticas agresivas se ejerce influencia sobre la violencia y la agresión en el mundo real. De esta forma se invertiría el proceso de asumir psicológicamente la organización de la violencia social. Los impulsos agresivos orientados a la violencia y socializados al interior del mundo virtual regresarían con más intensidad al mundo real".

La realidad es: Todos los juegos en computador le presentan al jugador una tarea para solucionar y en algunos juegos esto se logra usando la violencia, pero en muy pocas ocasiones se puede decidir si se quiere o no usar la violencia; en la mayoría de los casos es necesario hacerlo para cumplir con la tarea y normalmente el jugador no es consciente de estar empleando violencia, a diferencia de un espectador. El jugador se concentra en las exigencias del juego y hace lo que sea necesario para alcanzar el siguiente nivel, es decir, para ser exitoso en el juego.

¿Cómo afecta la violencia?

En primer lugar, es recomendable despedirse de la idea de que la violencia presente en los juegos en computador se "filtra" directamente a la vida real. De nuevo, el profesor Jürgen Fritz opina que "Uno debe familiarizarse con el hecho de que millones de niños, jóvenes y adultos realizan diariamente hechos violentos en cientos de mundos virtuales: golpean, disparan, destrozan, aniquilan, y evidentemente se divierten haciéndolo. Es muy poco probable que esos millones de "criminales" virtuales lleven a cabo sus impulsos en la vida real".[1]

En cuanto a la pregunta acerca del efecto de la violencia en los medios en general y del impacto de la violencia de los juegos en computador, existe una casi inabarcable cantidad de investigaciones. Algunas de las teorías comprobadas se describen de manera concisa, ejemplificada y resumida:

- Una teoría indica que aquellos que juegan constantemente juegos en computador en los que la violencia representa el elemento principal del juego se acostumbran más a esta y aceptan el ejercicio de la violencia como una forma normal de solucionar conflictos, lo cual se ve también reflejado en el mundo real. Se trata de una cuestión de hábito (tesis del hábito).

- Otra teoría indica que la "oferta" de violencia sucede de forma tan variada y poco común que conduce a que esas nuevas formas se aprendan y con el paso del tiempo se asimilen como parte del repertorio propio a la hora de actuar, por lo tanto también se trata de una transmisión de lo virtual a lo real. Es decir: los juegos con contenidos agresivos llevan a que los jugadores también se vuelvan agresivos en la vida real. No obstante, en relación con esta tesis, un nuevo estudio ha demostrado que los juegos con violencia como temática constante son preferidos principalmente por los jóvenes antes que aquellos que poseen con antelación un comportamiento central más agresivo.

- Por el contrario, una tercera teoría (para nombrar una teoría completamente opuesta) se basa en que el ejercicio de la

---

1. Ibídem pg. 37

violencia en un juego lleva a que el jugador pueda "liberar su presión emocional", hasta cierto punto y de esta manera mostrar menos comportamientos agresivos por lo menos durante un periodo de tiempo limitado en la vida real.

El resumen de las investigaciones realizadas hasta ahora acerca de este tema muestra que, al igual que antes, aún existe gran desacuerdo sobre la pregunta: ¿En qué magnitud afecta a algunos usuarios la presentación de violencia en los medios y el ejercicio propio de la misma? Mientras que algunos afirman que las investigaciones han demostrado la relación entre la violencia en el mundo virtual y el real, otros afirman, por el contrario, que no ha sido demostrada científicamente una relación directa y de una sola causa, es decir, que no se ha demostrado que la presentación de violencia en un juego conduce directamente y sin algún otro tipo de factores influyentes a la violencia por parte de quienes juegan y, por tanto, señalan que existe una gran cantidad de efectos que pueden influir sobre los resultados de las investigaciones. Dicho con otras palabras: el comportamiento agresivo en los seres humanos no se deriva exclusivamente del uso de juegos en computador con contenidos agresivos, más bien los actos agresivos son el resultado de un complejo proceso en el cual juegan un papel decisivo tanto la personalidad del jugador como las condiciones que lo rodean.

Con respecto a este tema, citamos nuevamente a Jürgen Fritz:

"Un elemento central en este ciclo de causas y consecuencias es el jugador en computador: su personalidad, sus obligaciones, la situación actual en su hogar, en la escuela, en el trabajo, en el círculo de amigos, las relaciones sociales y económicas y finalmente sus vivencias y competencias sociales. Algunas condiciones problemáticas como decepción, aburrimiento, poco éxito, perspectivas de vida negativas, campo de acción limitado, relaciones sociales problemáticas, entre otras, ejercen gran influencia en el desarrollo de un ambiente interno agresivo y la formación de fantasías violentas y de tendencias de comportamiento agresivo; esto también influye sobre las preferencias mediáticas de los jugadores, pues normalmente son un reflejo de su vida. Sus competencias, tendencias, experiencias y condiciones de vida concretas determinan ampliamente cuáles juegos escogen, cuáles prefieren y qué otras ofertas mediáticas se relacionan directamente con éstos"[2].

En una constelación análoga puede ocurrir que los juegos en computador con determinados contenidos puedan fomentar y reforzar actitudes y condiciones agresivas ya existentes en los jugadores. Lo que sí es totalmente seguro es que determinados juegos de computador con alto contenido violento no deben caer en manos de los niños. La organización que dicta las clasificaciones de los videojuegos en Estados Unidos y que sirve de referencia en muchos otros países es la Enterntainment Software Rating Board (ESRB).

Es útil que los padres hablen con sus hijos sobre el tema de la violencia en videojuegos si notan que ellos prefieren ese tipo de juegos. Reiteramos que el jugador apenas nota que está ejerciendo violencia, pues está concentrado en la tarea que debe desarrollar y "olvida" que para eso debe ejercer violencia. Ese fenómeno se puede observar también claramente en las "pruebas con uno mismo": juegue usted mismo uno de los juegos conocidos como *shooter* con los requerimientos exigidos; verá que no tiene tiempo para fijarse en la forma como se representa la violencia en el juego, pues sólo se podrá concentrar en llegar al final del nivel.

El profesor Harmut Warkus de la Universidad de Leipzig lo argumenta de la siguiente manera: "La violencia es menos evidente para el jugador que para aquellos que observan el juego; el jugador está atrapado en la tarea que debe cumplir y sólo le es claro cuando se habla con él al respecto, que deba hacer uso de la violencia para lograrlo".

Por consiguiente, los padres deben hablar con sus hijos sobre el ejercicio de la violencia en los juegos en computador, pues se corre el riesgo de que aquellos jóvenes que prefieren juegos con ese tipo de contenidos y estén constantemente relacionados con éstos, experimenten virtualmente que el empleo de la violencia es un método efectivo para la resolución de conflictos y, por tanto, empiece un lento proceso de transformación en su interior: esto puede estar reforzando lenta y casi imperceptiblemente las actitudes negativas y agresivas del niño y al mismo tiempo afectando su competencia para la resolución de conflictos.

---

2. Ibídem pg. 38

Resumen

Desde el punto de vista de los padres, toda la discusión sobre la problemática de la representación de la violencia en los medios y, por tanto, también en los juegos en computador se resume de la siguiente manera: aquellos con contenidos violentos *per se* no pueden condicionar o generar violencia de la nada en la realidad. La vida es polifacética y compleja, prohibir los juegos en computador no cambiaría nada, especialmente porque es relativamente fácil conseguirlos, por ejemplo fuera del país en Europa, pues no existen restricciones de acceso ni de distribución.

Por otro lado, tampoco se puede dar la orden de cese de alarma ya que los juegos con determinados contenidos pueden colaborar con la solidificación de modelos de comportamiento y actitudes agresivos. Por consiguiente, es importante que hable con sus hijos acerca de los juegos en computador. Acompáñelos en su tiempo libre y obsérvelos para que pueda percibir a tiempo determinadas tendencias negativas y las pueda corregir. Los niños y adolescentes que permanecen solos mucho tiempo son quienes se encuentran principalmente en peligro por los juegos en computador con contenidos violentos.

En los trágicos casos de ejercicio de violencia por parte de jóvenes en Estados Unidos y en Alemania los autores eran siempre jóvenes con trastornos de personalidad que se sentían al margen, rechazados, aislados, fracasados, maltratados y abandonados con toda su ira y sus agresiones masivas. Esos niños no fueron tratados con comprensión, ni acompañados ni respaldados. El hecho de que entre sus videojuegos hubiera varios con contenido violento no justifica los crímenes, sino el efecto de los procesos socio-psicológicos y de los procesos de socialización que condujeron a un deficiente desarrollo de su personalidad. La práctica de juegos violentos es en ese tipo de casos solo un factor en una compleja estructura de posibles motivos variables.

CAPÍTULO 3

¿CÓMO PUEDEN PREVENIR LOS PADRES QUE JUGAR EN EL COMPUTADOR SE VUELVA ALGO PROBLEMÁTICO?

Ya no es posible imaginarnos el mercado de entretenimiento sin juegos en computador, llegaron hace bastante tiempo y tienen entrada libre a las habitaciones de los niños. Si se usan con sensatez son un enriquecimiento del mercado, pues los buenos juegos en computador ofrecen todo lo que les gusta a niños y adolescentes. Si se trata de prevenirlos ante los juegos problemáticos no es posible hacerlo desde la simple prohibición y la pedagogía; es necesario que los padres y los profesores les proporcionen a los niños competencias mediáticas para que aprendan a usar los juegos en computador de forma moderada y a la vez aprovechen las ventajas de los mismos para su desarrollo psicosocial.

¿A PARTIR DE QUÉ EDAD PUEDE USAR MI HIJO JUEGOS EN COMPUTADOR?

Hace diez años la psicología y la pedagogía se esforzaban por inducir a los niños desde muy temprana edad al mundo de los computadores. Pero en las discusiones científicas siempre se estaba en contra de eso, y con razón. Hoy en día los psicólogos y pedagogos están totalmente de acuerdo en que los niños pequeños no deben depender de aparatos electrónicos, primero tienen que explorar su entorno con todos los sentidos y comprenderlo en el más amplio y auténtico de los sentidos. Los niños pequeños tocan todo lo que los rodea, se llevan varias cosas a la boca porque intentan "apropiarse" de su entorno. Estas observaciones permiten ver con claridad que los niños pequeños se ocupan directamente de su entorno y así reúnen experiencias de vida inmediatas. Los juegos en computador no pueden proporcionar ese tipo de experiencias. Si, por ejemplo, el niño quiere experimentar qué significa el término "caliente", en un juego en computador se pueden presentar diferentes cosas: una taza de café, un fogón eléctrico, velas encendidas, una plancha, etc. La taza de café y la plancha humean, las velas arden y el fogón eléctrico se pone al rojo vivo, esos fenómenos se relacionan con el concepto de "caliente". Sin embargo, el niño sólo experimenta que todas esas cosas representadas por imágenes son llamadas "calientes" también se le puede enseñar que el calor duele haciendo que una figura toque las cosas nombradas y con expresión facial de dolor grite "¡ay!". En ese momento el niño sabe que las cosas calientes producen dolor, pero aún no sabe qué se siente al tocar algo caliente o qué es realmente caliente. Solo cuando el niño toque algo caliente y pueda sentir verdaderamente el calor podrá comprender la carga real de ese concepto.

Que los niños quieran tocar todo lo que se encuentran en su vida cotidiana deja algunas huellas, por ejemplo, podemos encontrar huellas dactilares de niños pequeños en sombrillas porque los niños quieren tomar en la mano las figuras impresas e intentan sacarlas de la sombrilla.

Los niños pequeños son curiosos y desde que gatean se arriesgan a hacer viajes de exploración, investigan todo lo que les parece interesante mientras avanzan por su camino, toman cosas en las manos, las observan, las lamen y las dejan de lado cuando su curiosidad ya está satisfecha. Cada niño decide por sí mismo qué es interesante y qué debe ser explorado más a fondo; en los juegos en computador es totalmente diferente: los creadores del juego deciden qué debe ser interesante y los objetos ofrecidos no pueden ser explorados a fondo ni con todos los sentidos por parte de los niños. El afán de los niños por investigar y conocer es determinado por terceros.

También es importante tener en cuenta que los niños pequeños aún no pueden diferenciar el mundo real del virtual, así que cuando ellos consideran los personajes, las historias y las imágenes del juego un componente más de su entorno real y de esta manera reciben inevitablemente una falsa imagen de su mundo real. Los niños no pueden tocar los personajes de los juegos, ni los animales, personas, plantas, etc., y eso va en contra de la forma en que ellos se apropian del mundo; así que los juegos en computador a temprana edad no contribuyen favorablemente con el desarrollo de los niños, sino de manera contraproducente.

Solo a partir de la edad preescolar es posible que los niños empiecen a diferenciar entre realidad y ficción debido a su desarrollo cognitivo, y solo a partir de esta edad pueden empezar a familiarizarse cautelosamente con los juegos en computador. Para esa edad se ofrece en el mercado una gran variedad de buenos juegos que normalmente relacionan el aprendizaje didáctico con fabulosos escenarios de aventura.

Sin embargo, a esa edad los padres tampoco deben presentar a los niños los juegos en computador, pues jugar con Lego o con otro tipo de figuras, hacer juegos de rol con muñecos, peluches o figuras móviles, u hojear libros animados también es importante en la edad preescolar para fomentar el desarrollo de los niños, ya que ese tipo de actividades son más sustanciosas y sensoriales. Mientras el niño no los pida, los padres deben preferir que siga jugando con sus juguetes tradicionales. Algunos padres creen que al permitir que sus hijos accedan a los juegos en computador a temprana edad tendrán mayor éxito en el estudio: los juegos de aprendizaje transmiten conocimientos, ejercitan la coordinación ojo-mano, entre otras cosas; sin embargo no se debe olvidar que representan un mundo ficticio, que los juegos son preconstruidos y el proceso individual de aprendizaje es reducido.

¿Cuánto tiempo debería jugar computador un niño/un adolescente?

Esa pregunta no se puede responder de manera general. Si bien es cierto que el tiempo de juego se debe limitar, los límites se deben argumentar según la edad y el tipo específico de juego. Por regla general, el tiempo de juego no debe ser superior al tiempo que un niño puede permanecer concentrado.

En el caso de un niño en edad preescolar sería de 20 minutos a máximo media hora. Los niños en edad escolar tampoco pueden permanecer concentrados por más de media hora. Los juegos en computador exigen altos niveles y capacidad de concentración por parte de niños y adolescentes; en muchos juegos no solo se exige coordinación ojo-mano, sino también rapidez al reaccionar. Si un niño quiere avanzar en el juego con éxito debe concentrarse. Si un niño en edad preescolar o escolar juega en el computador por más de media hora sin hacer pausa, la diversión del juego se convertirá en estrés, pues el niño sentirá que el juego le exige demasiado y las consecuencias físicas pueden ser dolor de cabeza y tensión muscular; aparte de eso también se pueden presentar problemas psíquicos. Debido a la exigencia excesiva el niño comete más errores, no puede terminar el juego con éxito, se frustra y reacciona con disgusto e incluso con agresividad. Jugar demasiado tiempo también conlleva a que el niño no se pueda concentrar en sus otras labores, por ejemplo en las tareas del colegio y las consecuencias a largo plazo van desde el descenso del rendimiento en el estudio hasta el fracaso escolar.

Los niños un poco mayores pero aún en edad escolar pueden concentrarse por más tiempo, entre 40 y 45 minutos, y por lo tanto soportan este tiempo sin sentirse exigidos en exceso por el juego. El tiempo de juego que cada niño puede soportar aumenta con la edad, sin embargo no debe superar en promedio una hora diaria, pues el tiempo de un estudiante de educación primaria o media no es suficiente para jugar más sin descuidar otras actividades importantes como comer con la familia, pasar tiempo libre con amigos, hacer deporte, tocar algún instrumento, entre otras.

En niños mayores el tiempo de juego puede superar la hora diaria, si se justifica por el tipo de juego. Los juegos de estrategia y algunos de rol exigen la elaboración de un escenario antes de que el juego realmente pueda empezar. Si se debe construir y administrar una ciudad, los trabajos de construcción llevan normalmente más de una hora y es importante que el niño disponga de ese tiempo. En algunos juegos de aventura sólo se puede guardar el progreso del jugador después de superar determinados niveles en el juego. Si el niño necesita más de una hora para alcanzar ese nivel y poder asegurar su progreso en el juego, también es necesario darle ese tiempo adicional, pues la frustración como consecuencia del trabajo perdido, del esfuerzo en vano, produce mayor presión mental que un periodo de tiempo de juego prolongado.

Sin embargo, el tiempo de juego no debe ser a diario. Si el niño juega en el computador durante el fin de semana cinco horas en total, debería dejar de jugar, por ejemplo, hasta el miércoles para que el promedio de juego semanal no se vea alterado.

Al momento de elegir juegos para niños más jóvenes se debe tener en cuenta que sea posible guardar las partidas con regularidad, pues en ellos sobrepasar los límites de sus capacidades y concentración produce problemas más rápidamente.

En niños mayores y en adolescentes no son los juegos en computador la única razón para permanecer frente al computador; trabajar en el computador también hace parte de sus deberes escolares. No solo buscan información sobre temas específicos en Internet, también escriben sus trabajos escolares en el computador o preparan sus exposiciones con una presentación de PowerPoint.

La comunicación entre adolescentes sucede cada vez menos por teléfono y más por correo electrónico o por chat. Pasar mucho tiempo al computador puede producir desde tensión muscular en la nuca y en los hombros hasta lesiones por mala postura; por esta razón los niños deben encontrar el equilibrio entre el tiempo frente al computador y alguna actividad física de movimiento.

LOS NIÑOS SE OLVIDAN DEL TIEMPO JUGANDO

Los límites que ponen los padres a sus hijos en relación con el tiempo de juego siempre deben ser argumentados y razonables para que ellos los respeten desde el principio. Si un niño tiene la sensación de que los horarios impuestos por sus padres son arbitrarios, buscará la forma de sobrepasarlos a escondidas y sin molestar, pues en ese caso solo le tendrían miedo al castigo.

Es importante que padres e hijos realicen "contratos de comportamiento" relacionados con el tiempo de juego en el computador y su negociación, contratos que cumplan ambas partes; de esta forma los padres ponen límites pero a la vez deben respetar los tiempos de juego de sus hijos y no molestarlos dentro de estos.

Si los niños están fascinados con un juego en computador, absortos en el papel del héroe y dominados por las aventuras, pierden el sentido del tiempo. La alegría del juego, la emoción y las actividades que deben realizar como "héroes" no les permiten percibir que el juego los agota y que están siendo exigidos en exceso; pueden estar tan profundamente metidos en el juego que olvidan su entorno y el tiempo y eso no solamente pasa con los juegos en computador. En ese caso no cumplir con los límites acordados con los padres no es una muestra de falta de respeto, sino que se trata de una repercusión de la forma de vivir característica de los niños. Sin embargo, eso no significa que los padres deban reaccionar con condescendencia; los límites acordados se deben respetar y los padres deben proporcionar ayuda a su hijo para lograrlo. Una posibilidad consiste en decirle después de 20 minutos de juego que lo vaya terminando lentamente porque el tiempo se está acabando y solo puede jugar máximo diez minutos más. Otro método que en la práctica ha demostrado dar buenos resultados consiste en programar un cronómetro y entregárselo al niño en la mano (por ejemplo, un reloj de cocina o un teléfono celular). Cuando suene la alarma el niño notará que el tiempo terminó. Este método también fomenta la independencia, pues aprende a manejar el tiempo por su propia cuenta y eso es importante también para su vida escolar.

No ser más papista que el papa

Si el niño está en medio de un juego de aventura, es el héroe que debe rescatar a la princesa de las garras del malvado y cuando está justo al límite del tiempo de juego acordado se encuentra en la lucha final con el malo del juego, usted debe darle el tiempo necesario para terminar su misión de forma exitosa. Si el niño debe dejar de jugar antes de terminar y sin tener éxito se va a sentir frustrado y engañado por la falta de recompensa por su trabajo. Ese sentimiento daña la relación entre padres e hijos ya que su comportamiento riguroso será entendido como arbitrario, infame e incomprensivo. Si bien los límites se deben hacer cumplir, no se deben convertir en un principio rígido y ajeno a la realidad. Si le dio a su hijo el tiempo necesario para poder terminar el juego le puede exigir como contraprestación un día sin jugar computador: el niño debe seguir aprendiendo y practicando que los contratos se deben respetar y que él también está sujeto al trato. Eso fomenta una relación de compañerismo entre padres e hijos.

Si por su cumpleaños o por Navidad le regaló a su hijo un juego de estrategia que requiere de una larga fase de preparación, es posible que esa fase dure el tiempo de juego acordado o incluso lo sobrepase. También en ese caso se debe ser complaciente, pues el niño se frustraría si no alcanzara a probar su regalo. No obstante, debe exigir el cumplimiento del contrato pactado: el niño puede exceder el tiempo de juego por tratarse de su cumpleaños o de Navidad pero para compensarlo debe renunciar al juego el día siguiente.

Resumen

Los niños necesitan límites y estos deben cumplirse consecuentemente. Acuerde con su hijo límites claros. Tenga en cuenta que los límites no sean exagerados y que los pueda argumentar frente a su hijo de forma clara, pues es importante que él reconozca que los límites no son arbitrarios ni tampoco una demostración de poder de su parte, sino que por el contrario son de ayuda para su bienestar. Su hijo debe poder confiar en usted. Si su hijo siente los límites impuestos como una limitación arbitraria de su libertad personal, tendrá en cuenta las reglas cuando esté al computador mas no las seguirá por convicción sino por miedo al castigo. En este caso negativo, su hijo solo hará caso a sus peticiones y prohibiciones mientras usted lo esté controlando; si usted se ausenta o su hijo está con amigos aprovechará esos espacios libres para hacer caso omiso a sus peticiones, así que usted no podrá confiar más en él.

Al poner límites, los contratos de comportamiento son un instrumento valioso. Si en algún momento se supera el tiempo límite de juego por algún motivo sustentado, usted debe exigir la recuperación de ese tiempo de acuerdo con el contrato: debe confiar en las reglas, los contratos se deben hacer valer. Ese tipo de experiencias fortalecerán la conciencia de las normas en su hijo.

¿Qué es lo que cautiva a los niños y a los jóvenes de los juegos en computador?

Jugar en el computador o juegos de consola es una parte significativa del tiempo libre de niños y jóvenes. ¿Qué es lo que cautiva a los jóvenes de los juegos virtuales? Estos juegos, al menos los mejores, ofrecen todo lo que a ellos les gusta.

Fijémonos primero en los juegos en computador en las edades más jóvenes: los juegos se desarrollan en un espacio narrativo que describe una pequeña aventura, un cuento o una historia de detectives; estas historias se narran acompañadas de imágenes coloridas y música. Están divididas en episodios que estructuran el camino hacia la meta. Esa división de los juegos se basa en el conocimiento de la psicología de desarrollo, pues se ajusta a las capacidades de concentración y a las posibilidades de procesamiento de los niños; en cada episodio se deben superar diferentes tareas y su grado de dificultad va aumentando progresivamente; al niño se le ofrecen héroes con los cuales se puede identificar y, poniéndose en su lugar, superar determinadas tareas y aventuras. Normalmente el héroe es una figura conocida de películas para niños o series de cómics, es decir, figuras de confianza para ellos. En muchos casos los héroes de los juegos de computador para niños también son figuras animales pues los pequeños tienen una afinidad especial con ellos y se sienten bien asumiendo el rol de un cerdito inteligente, de una rápida liebre o de una curiosa comadreja. Estos juegos suelen estar diseñados para que tampoco les produzcan dificultades a los niños más pequeños y puedan usarlos adecuadamente.

A los niños les encantan las historias y aman los sonidos como la música en los juegos, por eso prefieren las historias en las que ellos mismos deban tocar un instrumento; los juegos en computador les permiten aprender mediante el ensayo y el error: si no pueden solucionar una tarea no pueden pasar al siguiente nivel así que deben intentarlo de nuevo; las posibilidades para intentarlo son ilimitadas y el computador no perderá la paciencia si el niño debe repetir varias veces una tarea o si comete diez veces el mismo error. Si comete errores tampoco se producen daños, es decir, puede probar diferentes opciones para solucionar sus errores sin ningún peligro.

Durante el juego en computador el niño obtiene una retroalimentación inmediata: los errores se muestran de inmediato y la tarea debe repetirse; si el niño supera la tarea exigida, será premiado.

Los juegos en computador están disponibles como juguetes pero también como compañeros de juego pues nunca están de mal humor, estresados o enfadados; están disponibles ilimitadamente y por lo tanto son uno de los medios favoritos para combatir el aburrimiento, como lo han demostrado diversas investigaciones. La disponibilidad constante que ofrecen principalmente las consolas portátiles (Game Boy, Nintendo DS, etc.) permiten que los niños las lleven a todas partes, por eso vemos niños y jóvenes jugando en el bus, en las salas de espera, en aviones o en autos particulares. Esperar y hacer viajes largos estresa a los niños la mayoría de las veces, se aburren y no saben qué hacer porque no pueden moverse libremente ni jugar o hacer ruido. El videojuego en este caso es un suplente bienvenido pues en la mayoría de los casos ayuda a superar frustraciones y disgustos causados por la situación. En estas situaciones específicas también es una ocupación ya que los mismos enemigos de los juegos en computador disfrutan de ellos ya que los niños no se estresan por el aburrimiento y los adultos pueden tener calma.

Pero no solo los niños. También los adolescentes y adultos sienten una gran fascinación por los juegos en computador ya que el mercado actual es muy amplio y los juegos son cada vez mejores en cuanto a la calidad del sonido y de la imagen, así como de la animación. Algunos ya han logrado alcanzar la calidad de las películas de cine, por lo que ofrecen a los usuarios la posibilidad de probar los más diferentes roles: deportista, corredor de carreras de autos, piloto, astronauta, estratega, jefe de un imperio económico, alcalde de una ciudad o presidente de un país. En el juego, niños y jóvenes pueden asumir roles y ejercer cargos que en su vida cotidiana son normalmente inalcanzables. Pueden experimentar el uso del poder sin correr peligro, siendo deportistas pueden correr al límite sin sentirse amenazados por lesiones o accidentes. En el juego también pueden violar normas sociales sin ser castigados: conducir a toda velocidad por la ciudad, dañar bienes comunes o pelear con otras personas, incluso matarlas.

Según el tipo de juego también se necesitan diferentes tipos de habilidades; por ejemplo un corredor de carreras de autos necesita en los primeros niveles una buena coordinación ojo-mano; en los niveles siguientes de desarrollo de la carrera se exige velocidad de reacción, aptitud y concentración. Además, el jugador debe tener una forma de pensar y actuar estratégicas para que su táctica de carrera sea competitiva.

Por otro lado, al ser jefe de un consorcio se necesitan pocas habilidades motoras o velocidad, pues en ese rol predomina el trabajo intelectual: se deben analizar situaciones y tomar decisiones para las cuales es primordial tener en cuenta sus consecuencias; el jefe de una empresa debe poseer múltiples talentos como habilidad para comunicarse, pensamiento previsor, disposición al riesgo y talento organizativo para que pueda cumplir exitosamente con las tareas de las diferentes áreas de actividades: mercado, personal, publicidad, finanzas, etc. Si el jugador supera las tareas presentadas podrá gozar de éxito social, reconocimiento, riqueza y lujo, así que disfrutará de la sensación de poder.

La sensación de tener poder y poder ejercerlo también es el principal atractivo del rol de estratega, además de tener como componente adicional la posibilidad de ejercer violencia directa. Abusar de la violencia es ilegal y normalmente está prohibido por la sociedad, aunque en la vida cotidiana se observen diversas formas de violencia. Para las personas que tienen posiciones secundarias en la vida real, especialmente para los niños y jóvenes que aún son víctimas de diversas formas de violencia (física y/o psicológica), la sensación de poder y el ejercicio de violencia sin castigo poseen una fascinación especial; el jugador puede vengarse en el juego de situaciones reales de humillación y de otras formas de violencia en su vida real, puede hacer que sus oponentes en el juego paguen por sus enemigos reales, puede jugar con poder y dominio, subyugar a otros, ahuyentarlos o incluso matarlos.

El ejercicio de violencia libre de castigo y el quebrantamiento de las leyes también son atractivos especiales que ejercen los juegos de gánsteres sobre los jóvenes. Los jóvenes pueden desahogarse bien en estos juegos y ser totalmente antisociales, algo muy poco posible en la vida real.

Precisamente en la pubertad, indagar acerca de las normas, oponerse a las reglas y probar los límites hacen parte del desarrollo de la personalidad; si los jóvenes rompen reglas y violan leyes en el juego en computador, además de ejercer violencia en espacios protegidos, se están comportando de acuerdo con su edad. Sin embargo, no solo deben practicar juegos en los que deban ir en contra de la ley y con contenidos violentos, pues siempre se presupone un efecto de aprendizaje a partir del juego en computador. Aunque los jóvenes sean cognitivamente capaces de diferenciar entre la realidad y la ficción, la constante ruptura de normas durante el juego puede conllevar a cambios negativos en sus actitudes, por lo que es importante hacer que prueben diferentes tipos de juegos y no se acostumbren solamente a los juegos de poder y violencia.

Hacer posible lo imposible en los juegos

Niños y jóvenes encuentran en los juegos en computador la posibilidad de superar frustraciones que han experimentado en la vida real de forma socialmente soportable, es decir, sin poner en peligro su entorno o incomodarlo.

Los juegos en los que la violencia tiene un papel prioritario, o tal vez es el único medio para solucionar conflictos y en los que además se premian las acciones violentas, tienen contenidos negativos: su hijo aprende que no solo está permitido sino que además es necesario defender su entorno con violencia; ese mensaje se opone seguramente a sus convicciones de educación, pues para usted la violencia debe ser la peor forma de solucionar conflictos y las personas deben dialogar y llegar a acuerdos para resolver conflictos y problemas. Con ese tipo de educación se limita notoriamente el efecto del juego; si su hijo usa con mucha frecuencia juegos de ese tipo y solo se dedica a los juegos violentos es posible que haya cambios en su comportamiento y actitud; si su hijo consume en exceso juegos violentos debe poner límites para guiarlo hacia otro tipo de juegos libres de violencia y ofrecerle alternativas para su tiempo libre.

No tengo ni idea de qué juega mi hijo

Muchos padres no tienen ninguna referencia acerca de los juegos en computador, los rechazan parcialmente y discuten con sus hijos diciéndoles que tienen que hacer algo razonable en su tiempo libre, dejar a un lado esos estúpidos juegos y practicar algún deporte; la sugerencia de hacer más deporte es tan aceptable, como inútiles los sermones de ese tipo. Al decirle a nuestro hijo que tiene que hacer "algo razonable" en su tiempo libre, el niño se siente agredido pues él se divierte con los juegos en computador y le parece razonable jugarlos en su tiempo libre. Sería más productivo y más sugestivo que usted se interesara por los juegos en computador del niño y respetara sus preferencias en el tiempo libre; no se trata de fingir y hacerle creer que a usted le parecen excelentes, su hijo terminará por aceptar que los juegos de computador no hacen parte de las actividades de tiempo libre de sus padres pero se alegrara por su interés:

"Sebastián, tú sabes que no me gustan mucho los juegos en computador, pero veo que te diviertes bastante con ellos; como el próximo mes es tu cumpleaños quiero que te sientas muy feliz y por eso te quiero regalar un juego. Muéstrame tu colección de juegos para no comprarte uno que ya tengas; si quieres también me puedes anotar un par de títulos que te gusten pero yo los voy a comprar sola para que sea una pequeña sorpresa para ti".

En ese momento usted ya está hablando con su hijo; permita que le explique sus preferencias y descubra qué tipo de juegos le llaman más la atención. Si nota que su hijo prefiere juegos de violencia puede discutir con él la problemática de esta pasión. Además debe dejar claro qué peligros esconde jugar en exceso, pero renuncie a cualquier tipo de recriminación.

Ejemplo positivo

"Sebastián, veo que casi todos tus juegos son violentos y eso no es bueno para ti, los expertos han observado que los niños que juegan con frecuencia juegos violentos se pueden volver agresivos debido a estos. Incluso algunos jóvenes se vuelven delincuentes. ¿No te interesaría tener otro tipo de juegos? Un poco de variedad no estaría mal y tal vez sería más divertido que jugar siempre lo mismo; además la violencia nunca es la respuesta a los problemas, ni en los juegos ni en la vida real. Para tu regalo de cumpleaños escoge un juego que no contenga violencia y te divierta".

Usted le aclaró a su hijo que su colección de juegos le parece muy simple y perjudicial para el desarrollo de su personalidad, pero no lo atacó, por el contrario le propuso buscar alternativas. Le aclaró que no va a patrocinar su comportamiento actual en el juego y que no le va a regalar ningún juego violento.

Ejemplo negativo

"¡Sebastián, es terrible que solo tengas juegos de balas y gánsteres! No es de extrañarse que seas tan agresivo, pero eso va a cambiar. ¡De ahora en adelante solo vas a tener juegos sin violencia y me llevo de inmediato todos tus juegos!"

En este caso el niño se siente atacado y engañado; el interés por sus juegos era fingido, solo querían controlarlo. Sus preferencias fueron juzgadas sin explicación alguna, sus juegos favoritos le fueron decomisados sin argumentos. Este niño nunca más admitirá una conversación con sus padres sobre su comportamiento en el juego, protegerá sus juegos del alcance de sus padres y los esconderá. Este niño no tuvo la oportunidad de comprender que dedicarse en exceso a los juegos violentos es perjudicial para su desarrollo.

LOS NIÑOS Y LOS JÓVENES NO SIEMPRE
LE DAN MÁS IMPORTANCIA A LA VIOLENCIA

Respecto al impacto negativo de los juegos violentos existe otro punto muy diferente que es necesario tener en cuenta. Se trata de la perspectiva de los jugadores en computador:

En la mayoría de los casos el ejercicio de la violencia no es el objetivo principal de los juegos, en realidad se trata de continuar una historia narrada a lo largo del juego; la violencia como tal está por tanto subordinada a una historia en la que normalmente existe la opción de escoger cuánta violencia se usa; la violencia solo es un medio para alcanzar determinados niveles o puntajes que llevan a que el jugador pueda continuar jugando a través de la historia, por lo que el jugador está enfocado exclusivamente en el progreso del personaje y de la historia.

Y en realidad sucede de esa manera, pues aunque todo el contenido del juego se podría resolver con violencia, esta no se percibiría de la misma forma que por ejemplo, en una película. En las películas el espectador se identifica con el héroe que ejerce violencia y toma los actos violentos de forma pasiva. Por así decirlo, consume violencia y acción; eso significa que quien está viendo la película está enfocado principalmente en la violencia, mientras que para un jugador ese enfoque está centrado en la resolución de las tareas propuestas durante el juego. El jugador está concentrado en desentrañar la situación del juego y en usar los controles rápido y de forma correcta.

La violencia que contiene la historia del juego sirve específicamente como medio para alcanzar un objetivo: si no se utilizara violencia en esos casos la única consecuencia sería que uno (el personaje de la historia) moriría y la historia no podría llegar hasta el final; por ese motivo las acciones violentas son tomadas como acciones alejadas de la realidad, pues independientemente de qué tan realista sea el juego, toda la concentración del jugador está centrada en avanzar en el juego y no en los muertos como tal.

Es absolutamente posible que en un género específico de juegos de computador también existan algunas tareas para las cuales no sea necesario usar la violencia y no por eso van a ser menos interesantes para el jugador, pues estas también contribuyen con el avance de la historia. La atención del jugador durante el juego no está centrada en la acción en sí, sino en las posibilidades que favorecen el avance de una historia, de tal forma que el jugador posea al final una idea general de lo que ocurre y de la historia; por esta razón la calidad de un juego no solo se determina por el grado de violencia que se ejerza o por lo realista que sea, sino principalmente por qué tan compatibles pueden llegar a ser las acciones y la idea general de la historia.

Por ende, al criticar juegos en computador no se pueden usar los mismos criterios que se usan para la crítica de películas; hasta cierto punto son similares pero no exactamente iguales. Los pedagogos, políticos y científicos también deberían expresarse mesuradamente sobre el efecto de los juegos violentos, si ellos mismos no los han jugado, ya que la experiencia de jugarlos también determina sus efectos.

¿Qué juegos son recomendables?

Para poder estimar qué juegos son los más recomendables para su hijo es conveniente primero conocer los diferentes géneros de juegos en computador, lo cual no solo ayuda a escogerlos sino que a la vez impresiona a los niños. Sin embargo, la base de elaboración de todos ellos, sin importar el género, es la misma: todos incluyen un problema. Según el género hay diferentes problemas que se deben solucionar con los medios disponibles en el juego y poseen su respectivo atractivo. Las exigencias de cada uno pueden contribuir a fomentar y afirmar determinadas habilidades en los niños; según algunas investigaciones empíricas, por ejemplo, pueden aumentar la capacidad de concentración y velocidad de reacción. Debido a esos resultados en muchos países europeos se discuten los efectos positivos de los juegos en computador en los niños y se estudia la posibilidad de trasladar ese potencial y usarlo en clase. Mientras tanto, los debates públicos se concentran en los aspectos negativos de estos juegos; aunque es cierto que estos aspectos no se pueden descuidar, también existen juegos que tienen un efecto positivo en los niños.

¿Qué tipos de juegos hay?

Juegos de aventura

Explorar con calma y sin estrés el entorno agradablemente planeado; descifrar acertijos, descubrir cosas ocultas, poner en marcha máquinas poco comunes para descubrir secretos de culturas desconocidas. Esas son algunas tareas en los juegos de **aventura clásicos**. En los juegos de **acción-aventura** hay un poco de acción adicional para que el jugador tenga que superar aventuras rápidas y emocionantes como Indiana Jones o la famosa Lara Croft.

Los juegos de **aventura clásicos** requieren capacidad combinada, pensamiento lógico y atención. En los juegos de **acción-aventura** adicionalmente se necesita capacidad de reacción y una buena coordinación mano-ojo.

Videojuegos o Arcade

Así se denominan los juegos que antes se podían jugar en máquinas en las salas de videojuegos (o maquinitas) y no necesitaban ningún tipo de conocimiento previo. Uno de los juegos arcade más conocido y famoso aún hoy es *Space Invaders*; en este juego uno debe defenderse desde su avión del ataque de ovnis.

Dentro de la categoría de juegos de arcade se encuentran algunos complejos juegos de carreras de carros (*arcade-racer*). También pertenecen a esta categoría los juegos en los que se debe defender la nave espacial propia (horizontal o verticalmente) de otras naves enemigas mediante el uso de armamento o también en escenarios simples de bichos que corren o vuelan y a los que se les debe disparar (*arcade shooter*, o videojuegos de disparos); en estos juegos hay diferentes grados de dificultad (también los enemigos disparan, cuántos son y qué tan limitada es la cantidad de mis personajes).

En los **juegos de destreza** las posibles tareas consisten, por ejemplo, en reunir o clasificar diversos objetos de la forma más rápida posible y sin cometer errores, mover cajas o atender en un restaurante a todos los clientes que lleguen (y que cada vez son más) llevándoles sus platos y bebidas lo más pronto posible.

Dentro de los **juegos de lucha a progresión** o *beat'em up* los principales son los que consisten en defenderse del contrincante o contrincantes con los personajes propios; esto puede ser con puños o patadas (como en los juegos de karate) o con diversas armas que son proporcionadas a lo largo del juego.

Los juegos de arcade requieren buena velocidad de reacción, coordinación mano-ojo y capacidad de concentración.

Juegos de plataformas

Correr a prisa por el nivel, recoger objetos, luchar con enemigos y al llegar al nivel final vencer al enemigo principal son juegos clásicos que, al igual que los juegos de arcade han divertido considerablemente a todos los jugadores desde siempre. El personaje más famoso en este género, Mario el fontanero, empezó de esta forma: hoy en día ha pasado de niveles a mundos y cada vez es más común la inclusión de otros elementos en el juego.

> Los juegos de plataformas requieren en primer lugar capacidad de reacción bastante rápida y buena coordinación mano-ojo.

Juegos de administración

El objetivo del juego es asumir la dirección de una empresa y volverla exitosa; puede tratarse de un zoológico, un parque de diversiones o incluso de una pizzería.

> Los juegos de administración requieren pensamiento empresarial, cálculo de riesgos y empleo de recursos significativos.

Juegos de rol

Como su nombre indica, el jugador se pone en el rol de otro personaje que él mismo puede escoger y configurar en varias partidas. Con ese personaje se empiezan a cumplir diferentes tareas y a cambio de eso se reciben recompensas con las que se pueden ampliar las capacidades y habilidades para superar nuevas tareas, que van aumentando su grado de dificultad. Con frecuencia el lugar de los acontecimientos es un mundo místico que recuerda la Edad Media, lleno de guerras, magos, curanderos o personajes pertenecientes a diferentes pueblos y razas con los que uno puede aliarse en el momento de superar las tareas (llamadas *Quests* en jerga profesional).

En los juegos de rol también hay diferentes manifestaciones: el **juego de rol de acción** (ARPG por su sigla en inglés, *Action Role Playing Games*) asocia el desarrollo del personaje propio con elementos de lucha contra diferentes oponentes (insectos, criaturas fabulosas, figuras similares a las humanas) en diversos escenarios (cuevas, calabozos) donde la victoria es recompensada con nuevas habilidades. En los juegos de rol de batallas por turnos además de investigar el entorno y tener una historia que se desarrolla lentamente, las batallas son el centro de interés; se desarrollan por turnos, es decir, cada jugador ataca en su turno y espera a continuación ser atacado por su oponente.

Los juegos conocidos como **Mmorpg** (*Massively Multiplayer Online Role Playing Games*), juegos de rol multijugador masivos online, también están en el centro de la discusión. En estos se reúne una gran cantidad de jugadores de diferentes lugares; el juego más conocido es *World of Warcraft*, con más de diez millones de jugadores en todo el mundo. En esos juegos los usuarios se unen en grupos para poder realizar las diferentes tareas del juego ya que de manera individual no es posible hacerlo; otra característica de los Mmorpg es el universo del juego: gigante y abierto, con posibilidades de juego ilimitadas por no haber jugadores definidos; aparte del precio de compra solo es necesario pagar una reducida tarifa básica. Debido a la presión de grupo y a las posibilidades de juego casi ilimitadas es necesario estar presente en las batallas y los análisis decisivos, por lo tanto, en muchos casos se hace uso excesivo de estos juegos, lo que para la mayoría de las personas comunes se denomina "adicción al juego".

Los **juegos de rol** requieren reflexión estratégica y táctica, acciones razonables según el plan y el hábil uso de las capacidades del personaje propio; a la vez ejercitan el trabajo en grupo y el espíritu de equipo.

Simulaciones

Las simulaciones se encuentran en los juegos en numerosas facetas: existen, por ejemplo, las simulaciones militares y civiles. También hay **simulaciones de construcción** en las cuales el jugador es alcalde y debe guiar el destino de la ciudad; también hay **simulaciones de vida** en las que se decide el destino de personas virtuales.

Normalmente estos juegos no tienen límite de tiempo de juego y, por tanto, tampoco presión para actuar. Esencialmente se concentran en resolver los problemas que surjan y solucionar tareas.

> Las **simulaciones** requieren la capacidad para actuar según el objetivo, reconocer a tiempo posibles problemas y desarrollar complejas estrategias para la resolución de problemas.

Juegos de disparos (*shooter*)

El género de los juegos de disparos es intensamente controvertido tanto en discusiones públicas como políticas pues se trata de alcanzar los objetivos propuestos por el juego mediante el uso de armas de fuego y violencia y eliminar todos los oponentes que aparezcan, sean humanos o no. Precisamente en estos juegos se aviva una y otra vez la misma discusión, sobre si la práctica de dichos juegos está relacionada con persistentes efectos de riesgo.

En total se pueden diferenciar cuatro formas en un **juego de disparos en primera persona** se ve desde la perspectiva del héroe propio o sobre el cañón de la propia arma y de esa forma se lucha en escenarios históricos, similares a la realidad o futuristas. Se habla de un **juego de disparos en tercera persona** cuando el jugador ve y dirige en la pantalla la figura del héroe. Un **juego de disparos táctico** contiene como mínimo la tarea de dar órdenes a un equipo compuesto por varios personajes y asignarles determinadas tareas para terminar las misiones de forma exitosa. El punto central de los juegos en línea o **juegos de disparos-LAN** es la disputa con otros jugadores. Se puede seguir una táctica acertada solo o en equipo con varios jugadores para vencer al oponente; en estos juegos hay diversas formas de juego: en *Deathmatch* gana el jugador cuyo personaje sea el último que quede vivo, en *Capture the flag* se debe conquistar el estandarte o bandera del oponente, entre otros.

> Los juegos de disparos requieren, según la subcategoría, reacción rápida, buena coordinación mano-ojo, pensamiento estratégico según el plan y destreza táctica.

Juegos de deporte

Este tipo de juegos se basa en los que existen en la vida real y se transfieren al mundo de los computadores y las consolas. Hacen parte de los favoritos de jóvenes y adultos; en numerosos países los juegos de fútbol que aparecen cada año en el mercado como *FIFA o Pro Evolution Soccer* están entre los más vendidos, aunque también se pueden encontrar otros deportes (algunas veces también exóticos).

Los juegos de deportes requieren buena coordinación mano-ojo y comprensión táctica para el deporte que se juegue.

Juegos de estrategia

En los juegos de este tipo están en primer plano, obviamente, los elementos estratégicos. Los juegos de estrategia militar se tratan de posicionar las tropas y unidades propias para que finalmente se gane la batalla. En los juegos de estrategia de construcción, normalmente preferidos por las jóvenes, el objetivo es dirigir y guiar el destino de un pueblo o un estado sin ningún tipo de presión para que los habitantes vivan en paz, satisfechos y puedan disfrutar de su prosperidad.

Los juegos de estrategia no presionan al jugador ni requieren decisiones apresuradas de su parte; su objetivo es planear con cuidado y previsión el modo de proceder y reconocer y tener en cuenta posibles reacciones.

Claro está que no con todos los juegos se pueden mejorar y/o reforzar las habilidades enumeradas (muchos de los últimos juegos están hechos de tal forma que reúnen varios de los criterios nombrados en uno solo) y también hay algunos juegos que en cuanto a su contenido y presentación se deben examinar críticamente y por ningún motivo deben caer en manos de niños pequeños. Por tanto, para poder tomar la decisión correcta es importante informarse siempre antes de comprar un juego.

Los siguientes consejos y advertencias le pueden ayudar a tomar la decisión correcta:

- No siempre tiene que ser el juego más nuevo y costoso. También se pueden conseguir buenos juegos con precio más bajo poco tiempo después de la fecha de lanzamiento al mercado.

- Es posible informarse en Internet sobre juegos. Hay muchas posibilidades, simplemente escriba el nombre del juego en un buscador; seguramente encontrará información sobre la instalación del juego, objetivo, género y precio.

- Existen páginas especiales de diferentes instituciones en las que los padres pueden informarse sobre los juegos de computador, por ejemplo:
  - www.adiccion-videojuegos.net
  - www.pantallasamigas.net
  - www.pegionline.eu/es/index
  - www.atomix.vg

- Si el juego tiene modo multijugador se puede jugar con amigos, así que la diversión no habrá terminado después de terminar el juego por primera vez; al pasar el juego la primera vez completamente se abren niveles adicionales y se pueden descargar de Internet nuevos ambientes que ofrecen nuevas posibilidades de juego. Así la diversión del juego permanecerá por un periodo de tiempo prolongado.

- Comparar la valoración de los juegos en las diferentes revistas online especializadas en juegos en computador también vale la pena ya que ofrecen una visión general más extensa de los juegos y la oferta del mercado.

- En el momento de realizar la compra fíjese siempre en la etiqueta de clasificación por edades que siempre está visible en la parte anterior del estuche del juego y compre solo juegos que tengan la señal correspondiente; así podrá estar seguro de no estar ofreciéndole a su hijo contenidos inapropiados.

- Active en la consola de videojuegos el bloqueo de contenidos de acuerdo con la edad de su hijo para asegurarse de que su hijo no tenga acceso en casa a juegos clasificados para niños mayores o adultos.

LOS NIÑOS FUERTES NO SE VUELVEN ADICTOS

Como se ha mencionado en los capítulos anteriores, los "niños problemáticos" son quienes muestran un comportamiento llamativo durante el juego. Los niños seguros de sí mismos, independientes, fuertes no corren el peligro de volverse adictos; la pregunta ahora es cómo conseguir un hijo fuerte.

Un factor significativo para el desarrollo psicosocial de un niño es el estilo de educación de los padres. Los padres que muestran un estilo de educación siempre relajado y totalmente permisivo, que no ponen límites y no guían ni apoyan a su hijo no fomentan en él ni la seguridad en sí mismo ni la capacidad de trabajo en equipo ni el sentido de responsabilidad. Esos niños corren más peligro de ser criminales o adictos. Tampoco los padres que siguen un estilo educativo estricto y se apoyan en su posición de poder como padres van a tener un hijo con personalidad fuerte. Esos niños acatan las normas principalmente para evitar ser castigados. Los niños que son sometidos a un método educativo arbitrario y que además experimentan violencia en sus hogares suelen ser jugadores intensivos con preferencia por los juegos violentos pero también por los jóvenes con disposición a la violencia.

Por el contrario, un estilo educativo democrático y de compañerismo es favorable para el desarrollo de su hijo pero, ¿cómo se logra?

Un estilo educativo democrático
hace niños fuertes

El estilo educativo de compañerismo supone una posición de educador, basada en convicciones éticas básicas y una imagen humana específica que interese especialmente a los niños: cuando los niños aún son pequeños son considerados personas que merecen un aprecio especial y respeto; ese respeto se manifiesta en el trato cotidiano e implica tomarse al niño en serio con sus manifestaciones, opiniones, deseos y necesidades.

Todo empieza con el bebé gritón. Sus gritos son su única forma de expresarse; al gritar quiere comunicar algo: hambre o dolor de estómago, necesita cariño o está aburrido y quiere divertirse. Si los padres lo dejan acostado llorando haciendo caso a la sabiduría popular que dice que los niños necesitan llorar y que eso tiene repercusiones positivas para el volumen de sus pulmones, el niño aprende que sus manifestaciones no son percibidas y que él no es tenido en cuenta.

Cuando el niño llega a la edad de las preguntas y sus padres u otras personas adultas lo hacen esperar con frecuencia para responderle o lo despachan con explicaciones insuficientes, aprende que no es tomado en serio ni con sus deseos ni con sus ansias de saber ni con su afán por aprender, no se siente aceptado ni importante y sus experiencias surten efectos negativos sobre su autoimagen y su autoestima.

Si el niño llega a la edad rebelde y es castigado siempre por su "terquedad" y "ataques de ira" aprenderá que sigue sin ser entendido; si su hijo está jugando y está sumergido en el juego, interrumpirlo es una falta de respeto; el juego para los niños no es menos importante que el trabajo para los adultos. A los adultos les parece impertinente ser interrumpidos y molestados durante el trabajo, una llamada telefónica o una conversación, así que si usted espera respeto de su hijo, dele ese mismo respeto.

Hay algunas reglas que hacen parte del trato respetuoso con los niños: golpear la puerta de su habitación antes de entrar, no abrir correspondencia del niño ni leer sus *e-mails* sin permiso, no husmear en su maleta del colegio, en su escritorio o en sus cosas personales, no exhibirlo frente a familiares o amigos: "Muéstranos lo bien que bailas"; su hijo no es un animal de circo, no lo ridiculice por ningún motivo; eso no es solo irrespetuoso sino también hiriente.

Junto al trato respetuoso hay otros factores determinantes en una relación de compañerismo: comprensión, atención emocional y cariño, apoyo y autenticidad, honestidad y sinceridad. La comprensión es un factor relevante para lograr confianza en una relación de padres e hijos: si mediante sus reacciones ante las expresiones y el comportamiento de su hijo él siente que es comprendido, podrá confiar en usted. Si su hijo se hace una raspadura o un chichón y va llorando hacia usted, la reacción: "¡Deja de portarte así, eso no es tan grave!" no es tan comprensiva de su parte, pues para el niño su lesión sí es grave, es tan grave que lo hace llorar.

Si su hijo llega en la noche a su habitación porque escucha ruidos en la suya y usted reacciona en tono lapidario con las palabras:

"Ahí no hay nada, todo te lo estás imaginando. ¡Regresa de inmediato a tu cama!" eso tampoco es muy comprensivo de su parte, su hijo seguramente escuchó algo que lo puso intranquilo.

Si su hijo le cuenta que su primera relación de pareja terminó, que su novio/novia le terminó por otra persona y usted lo consuela con frases de cajón como "El tiempo lo cura todo", "Pronto encontrarás a otra persona" o "No tienes por qué llorar por él/ella", su hijo se sentirá incomprendido pues esa situación es realmente triste para él y por eso está buscando consuelo e interés.

Si su hijo quería sorprenderlo con una cena y en el momento de servirla ensució el mantel recién lavado sería muy poco comprensivo de su parte prestarle más atención al error que a sus buenas intenciones y a su trabajo.

La colaboración está muy unida al apoyo. Los niños quieren recibir solo la ayuda que realmente necesitan; colaborarle en exceso hace que se vuelva dependiente de usted, por eso es importante que usted se pueda poner en el lugar de su hijo para ofrecerle la ayuda y apoyo exactos que él necesita en ese preciso momento. En el ejemplo expuesto anteriormente en el que el niño se lesiona jugando, la ayuda necesaria sería curarle la raspadura con una curita o ponerle hielo en el chichón; ese comportamiento sería comprensivo y acorde con el estilo de educación democrático. En el caso del niño asustado que no puede dormir porque escuchó ruidos en su habitación los padres deben apoyarlo acompañándolo a la habitación y buscando el origen de los ruidos para poder explicárselo al niño, que quedaría tranquilo y se dormiría confiando en su apoyo.

La atención emocional y el cariño que usted le debe dar a su hijo se basan en la actitud hacia él, en sus sentimientos como padre. En este caso también es importante la cantidad de atención que se le brinde; hay padres que por "amor" prácticamente sofocan a sus hijos y esa atención excesiva casi siempre está guiada por motivos egoístas: el niño es usado como un objeto para la satisfacción de los propios deseos y búsqueda de cariño; también el conocido "amor ciego", la atención desproporcionada, es muy perjudicial para el desarrollo del niño porque se siente acaparado por los sentimientos de los padres y se vuelve dependiente. El frio emocional y la severidad racional consiguen todo lo contrario, repercutiendo de igual forma sobre el desarrollo del niño o incluso de forma aún más negativa.

Para retomar de nuevo los ejemplos ya nombrados, el niño asustado habría tenido atención emocional si sus padres no solo lo hubieran enviado de regreso a su cama sino también lo hubieran llevado, tranquilizado y acariciado. El adolescente con penas de amor habría recibido atención emocional si sus padres se hubieran sentado con él a tomarse una taza de café o té simplemente para escucharlo y hubiera tenido la oportunidad de llorar si fuera necesario, sin recibir comentarios o instrucciones de su parte; el adolescente habría sentido su cercanía e interés y tendría la seguridad de que sus padres están a su disposición para escucharlo y consolarlo.

La atención emocional y el cariño son muy importantes durante la adolescencia, pero lo son todavía más para los bebés y niños pequeños debido a que el idioma a esa edad aún no se ha desarrollado por completo y, por consiguiente, una gran parte de la comunicación se realiza mediante el lenguaje corporal y la intensidad de los sonidos producidos con la voz. La atención a esa edad es condición y base para el desarrollo de la confianza y seguridad de sí mismo y de la capacidad de trabajo en equipo.

El último factor es la autenticidad. Los niños pueden diferenciar muy bien si los sentimientos hacia ellos son reales o no; desde muy pequeños pueden descubrir rápidamente el interés actuado y la falsa amabilidad. Los niños pequeños sienten si la expresión de cortesía hacia ellos es realmente una muestra de respeto o es un simple comportamiento superficial que los demás les muestran porque así debe ser, sienten si sus padres usan solamente fórmulas de cortesía o si realmente actúan con ellos con respeto, pueden diferenciar entre un favor y una orden aunque se usen exactamente las mismas palabras:

"¿Me traes por favor una botella de agua de la cocina?'" es una oración que representa sin duda alguna una petición. Algunas veces los padres utilizan palabras apropiadas para pedir algo cuando realmente están expresando una orden y esperan que su hijo la cumpla de inmediato sin contradecirlos. Los niños tienen un olfato muy fino para la falsedad.

Un comportamiento falso daña la base de la confianza, mientras que la autenticidad del educador ayuda a aliviar un poco el proceso de educación: los niños que recibieron atención suficiente pueden soportar y aceptar que usted esté de mal genio alguna vez, que reaccione impaciente ante una explicación o respuesta a muchas preguntas, que a veces no tenga ganas de jugar o que simplemente quiera estar solo y tranquilo. Una educación de compañerismo implica dar y recibir, significa respeto y comprensión mutuos. Esto solo puede ser problemático si usted intenta hacerle creer algo a su hijo o le da razones falsas para justificar su comportamiento, disgusto o nerviosismo. Los niños también notan cuando usted intenta reprimir sus emociones para no molestarlos con sus preocupaciones o miedos o para no afectar su imagen de padre fuerte.

Ejemplo

Usted tiene dolor de muela y debe ir al odontólogo, tiene miedo y está estresado. Su hijo quiere jugar *Memory* antes de su cita odontológica pero usted no tiene ganas de jugar: "Mi vida, me duele una muela, toda la cabeza y no me siento muy bien en este momento no puedo jugar contigo, lo siento mucho". Su hijo aceptará su rechazo, lo entenderá y lo dejará tranquilo; tal vez intente consolarlo o consentirlo, le traerá un vaso de agua o le pintará algo.

Si, por el contrario, usted lo manda para afuera con el argumento: "Tengo mucho que hacer, ahora no tengo tiempo", su hijo se sentirá engañado.

Los niños tienen un olfato muy fino para la falsedad. Un falso comportamiento daña la relación de confianza entre padres e hijos y obstaculiza el interés y el respeto mutuos, mientras que un estilo educativo de compañerismo y democracia es exigente y demanda a los padres algunos "sacrificios" en su vida cotidiana; este estilo de educación es el mejor requisito para que su hijo tenga una personalidad fuerte y, por lo tanto, una de las mejores medidas preventivas en contra de comportamientos delincuentes y adictivos.

Su hijo necesita su apoyo para volverse un niño fuerte

La compensación de sensaciones de fracaso es uno de los principales motivos por los que los niños usan juegos en computador. Como se demostró en la investigación sobre comportamientos problemáticos en el juego o adicción a los juegos, la recompensa es un factor que vuelve a los niños dependientes, por eso es importante que usted le proporcione a su hijo en el mundo real situaciones de éxito y lo premie regularmente. Fíjese en los talentos de su hijo: ¿es deportivo, musical, tiene un talento histriónico, afinidad con los números o facilidad para los idiomas? Todos los niños tienen talentos y tienen facilidades en algún ámbito. Encuentre ese ámbito y proporciónele a su hijo situaciones exitosas. Los talentos pueden ser muy discretos o poco habituales.

Ejemplo

Andrés, al igual que su padre es un gourmet. Ama la buena comida, le da importancia a la mesa bien puesta y se interesa por la cocina; desde que era joven le ayudaba a su abuela en la cocina, mezclaba el pudin, hacía la salsa para la ensalada. En una reunión familiar le permitieron preparar la entrada, coctel de camarones; él mismo creó la salsa, decoró las copas y sirvió el coctel. Toda la familia estaba entusiasmada. Andrés fue admirado y elogiado, se sintió orgulloso e importante.

Esta experiencia no solo reforzó su autoestima, también lo motivó a mejorar sus artes culinarias y a enseñárselas a sus amigos y parientes.

Los padres de Andrés descubrieron el talento de su hijo y lo fomentaron, lo creyeron capaz de preparar la entrada de la comida de la reunión familiar por su propia cuenta, le dieron un espacio para demostrar algo, para poder cosechar reconocimiento y elogios por su trabajo.

EL CÍRCULO VICIOSO DEL FRACASO ESCOLAR

El fracaso y la aversión escolar son otros dos factores significativos que están relacionados con el comportamiento problemático en el juego. Los niños que se frustran en el colegio buscan experiencias positivas fuera de este y, en principio, está bien que sea así; solo cuando la aversión conduce a tener malos resultados y los malos resultados aumentan la aversión por el colegio el niño cae en un círculo vicioso y necesita apoyo; necesita ayuda para mejorar sus resultados escolares, volver a tener éxito en el colegio y terminar ese círculo. El apoyo puede ser variado: clases particulares, ayuda de compañeros, padres o hermanos mayores; incluso los juegos de computador educativos pueden ayudar a un niño a mejorar sus resultados escolares.

Como complemento a las clases particulares o a la ayuda de tareas, un niño con problemas en el colegio también necesita apoyo emocional: primero es necesario hacerle saber que a pesar de sus malos resultados escolares es una persona valiosa, después hay que reforzar sus comportamientos positivos: si su hijo se animó a repasar o hacer otros ejercicios adicionales aparte de las tareas debe recompensarlo con elogios y cariño adicional; si gracias a su esfuerzo logró mejorar en el colegio, aunque sea mínimamente, usted debe reconocer sus esfuerzos y no criticarlo (aunque hubiera podido ser un poco mejor); debe darle ánimo: "En tu último trabajo de inglés tuviste un resultado insuficiente y ahora que fuiste más juicioso tuviste un resultado aceptable, ¡qué bueno! Sigue así y verás que cada vez serás mejor".

Si un niño muestra un especial interés por los juegos de computador y el tiempo que usted tiene para ayudarle con las tareas es muy limitado, puede hacer uso de los juegos en computador educativos: los juegos en otros idiomas facilitan la molesta tarea de memorizar vocabulario; los juegos de matemáticas ayudan bastante en la educación primaria: el niño hace la operación y recibe retroalimentación inmediata y los errores no se quedan grabados en la memoria; los juegos educativos que practican la ortografía funcionan de manera similar; como complemento a los libros escolares hay muchos juegos que proporcionan información relevante e interesante sobre la Antigüedad, los mitos griegos, la Edad Media y la Edad Moderna, geografía, teorías económicas y muchos otros temas, todos dentro de una historia de un juego. Durante la elección de los juegos en computador usted ya puede proporcionarle a su hijo un apoyo en lo relacionado con el rendimiento escolar.

Otro ejemplo personal

Nuestro hijo es fan de los juegos en computador. Juega diferentes géneros pero tiene una especial preferencia por los juegos de fantasía y estrategia con una alta dosis de aventura; por semanas jugó *Age of Mythology*. Poco después estudiaron en el colegio la Antigüedad y tuvo que presentar un examen sobre los griegos y la historia de Troya y lo pasó con un resultado brillante. Sin embargo, había olvidado estudiar para el examen y, por tanto, yo estaba sorprendida por la cantidad de conocimientos que poseía: "¿Por qué sabes todo eso?" "Mamá, primero que todo, presté atención en clase y, segundo, conozco todos los detalles por *Age of Mythology*", respondió con una amplia sonrisa.

Jugando también había aprendido bastante sobre la historia de Troya, la historia del juego lo tenía fascinado y estaba tan motivado que se aprendió todos los hechos y fechas. Los juegos interesantes pueden proporcionar mucha diversión y a la vez transmitir conocimiento relevante para el colegio.

Aparte de los juegos de aventura y estrategia también hay juegos didácticos interesantes y divertidos que no solo contienen conocimiento general, sino también relacionado con diversas materias del colegio; niños y jóvenes pueden matar dos pájaros de un solo tiro: pueden dejarse llevar por su pasión por los juegos y a la vez aprender para el colegio.

Pero acá también es conveniente proceder con moderación respecto al tiempo y a la oferta de juegos; no solo debe regalarle a su hijo juegos didácticos, también tiene derecho a tener juegos que parezcan tontos a la vista pero que le proporcionen gran diversión. Jugar es necesario para el desarrollo de los niños, los juegos no siempre tienen que tener un objetivo específico. Con los juegos didácticos también se debe tener en cuenta que su uso no supere el tiempo acordado ni la capacidad de concentración del niño, ya que la sobreexigencia hace que la diversión se convierta en estrés y eso afecta al niño de forma negativa, además los juegos didácticos pierden su efecto cuando agotan su capacidad de concentración e interés. Se debe hacer una pausa después de cada unidad didáctica de juego, que no debe durar más de 45 minutos.

Reflexión: el uso de juegos de computador en el colegio

Los juegos didácticos y en computador ofrecen al aprendizaje tradicional del colegio posibilidades de apoyo que ya han sido reconocidas y usadas por muchos profesores; si bien hoy en día el uso de juegos en computador hace parte de la cotidianidad en muchos colegios, se debe vigilar el uso de ese medio como instrumento didáctico en clase. ¿Por qué los profesores los usan en clase? Esperan que sus estudiantes se sientan más motivados y participen más en clase. ¿En qué se basa esa expectativa? Los juegos en computador hacen parte de la vida cotidiana de niños y jóvenes, son una parte primordial de su cultura. Con frecuencia el aprendizaje del colegio está alejado de la práctica, lo que reduce en muchos niños la disposición por aprender; ellos integran una parte de la práctica en el aprendizaje escolar y eso es muy importante para niños y jóvenes. Otras oportunidades y ventajas que ven los profesores en el aprendizaje respaldado por juegos en computador son las siguientes:

- Están hechos para que los estudiantes tengan retroalimentación inmediata: los errores se muestran o castigan de inmediato, los buenos resultados son recompensados.

- Gracias al formato y a la virtualidad de los juegos en computador los niños aprenden a asimilar sus fracasos suave y fácilmente.

- El éxito en el juego y en el aprendizaje fomentan la seguridad en sí mismos, son un entrenamiento para superar el fracaso y reducen la sensación de fracaso y frustración.

- Se pueden integrar fácilmente en clase para trabajar en grupo, fomentan la comunicación y la habilidad para trabajar en equipo.

Aparte de eso los profesores esperan que el uso de software didáctico en clase y el uso del Internet en el colegio mejoren la competencia mediática de niños y jóvenes.

- Aumento de la motivación por aprender (90% de acogida).
- Apoyo en problemas de aprendizaje (90% de acogida).

- Refuerzo de las capacidades personales como iniciativa y capacidad de resistencia (90% de acogida).
- Mejora de las capacidades motrices (80% de acogida).
- Aumento de las capacidades intelectuales tales como la resolución de problemas (90% de acogida).
- Aumento de la competencia mediática (85% de acogida).
- Aumento de las competencias sociales tales como habilidades comunicativas y de trabajo en equipo (80% de acogida).

En los proyectos se combinan los "nuevos" métodos de aprendizaje con los tradicionales; por ejemplo, se emplean juegos didácticos y en computador relacionados con un tema histórico después de que los estudiantes se han informado sobre el tema en libros. Es importante anotar que aumentaron la motivación por la lectura y la capacidad de memorización.

La combinación de diversos medios educativos logra mejorar el aprendizaje escolar. Diferentes medios de aprendizaje activan diferentes procesos cognitivos y algunos métodos tradicionales tienen menos potencial que los juegos en computador para iniciar procesos relevantes para el aprendizaje. La siguiente tabla presenta un resumen general de los procesos cognitivos relevantes para el aprendizaje y las características de algunos juegos que pueden fomentar tales procesos.

Conocimiento sobre procesos cognitivos	Características de los juegos y de su aprovechamiento
Inteligencias múltiples (lógica, espacial, lingüística, etc.) y claramente separadas.	Los juegos pueden ser un complemento o una alternativa a los métodos de aprendizaje tradicionales (libros) y tener en cuenta preferencias individuales de los estudiantes.
La inteligencia es dinámica y no está dividida en disciplinas.	Los juegos requieren una gran cantidad de habilidades diferentes.
El ritmo de aprendizaje varía para cada persona.	Los juegos permiten aprender a un ritmo apropiado para el estudiante.

La experiencia de que diferentes estrategias puedan influir positivamente sobre los resultados.	La retroalimentación inmediata es un principio fundamental de muchos juegos.
La participación activa del estudiante muestra mejores resultados.	Los juegos requieren participación activa.
El aprendizaje conjunto trae ventajas para todos.	Los juegos requieren y fomentan la comunicación e interacción de los participantes.

Los juegos en computador ofrecen potencial para el fomento del aprendizaje escolar, el aumento de la disposición de aprendizaje así como también para la conexión con el colegio y la reducción de la aversión por el estudio. No obstante, no es posible reemplazar los medios de aprendizaje tradicionales, solamente complementarlos; los computadores tampoco pueden reemplazar a los profesores en el colegio, ellos deben seguir siendo las personas de contacto y compañeros pedagógicos de los niños, la persona que los elogia, los anima, los consuela y les da cariño y apoyo. Un experimento con robots en Japón mostró claramente las deficiencias de una máquina en clase; el profesor tiene más significado como persona de referencia, de contacto y pedagogo especialmente cuando niños y jóvenes van a colegios de jornada completa.

En la educación preescolar y primaria usted es el ejemplo más importante para su hijo

Los niños de muy corta edad aprenden por imitación de las personas que los rodean; los padres son los ejemplos más importantes para los niños, de ellos aprenden a hablar, a comportarse en la mesa, a ser cordiales con otras personas, etc. También en relación con el uso de los medios usted es el modelo de su hijo: si apenas llega a su casa lo primero que hace es prender el televisor, ve cualquier tipo de programas y cambia de canal en canal, su hijo aprenderá de usted a no hacer uso crítico del televisor. Si usted llega estresado del trabajo y se va directamente al computador a jugar y a relajarse, su hijo valorará los juegos en computador como un buen medio para relajarse. Si en su tiempo libre navega en Internet por horas y chatea en foros con temas interesantes su hijo verá en el computador un importante medio de comunicación y diversión para el tiempo libre. Si solo usa el computador para trabajar, para su hijo este será únicamente un importante elemento de trabajo.

El uso que usted haga del computador y los juegos en computador es un modelo para su hijo; con su comportamiento pone los cimientos para el uso que su hijo hará de éstos en el futuro, por eso debe reflexionar acerca de su comportamiento mediático para poder ejercer correctamente su papel de modelo.

Si tiene que trabajar en el computador estando en casa, haga pausas correspondientes a su capacidad de concentración para que su hijo aprenda que es poco saludable pasar tiempo ilimitado frente al computador; haga ejercicios de relajación y gimnasia en presencia de su hijo y aclárele que usted está prestándole atención a su salud y, por tanto, debe interrumpir su trabajo frente al computador en varias ocasiones.

Si a usted mismo le gustan los juegos en computador en el momento de escoger los suyos debe tener en mente el aprendizaje por imitación de su hijo; los padres que son fans de los juegos de lucha y disparos y los juegan cuando sus hijos están cerca, están influyendo sobre las futuras preferencias de juegos de sus hijos; incluso si los padres no permiten que sus hijos los vean jugándolos, ellos pueden escuchar los disparos, las explosiones, los sables, las espadas y los gritos de guerra.

Si usted es fan de los chats y las compras por Internet y pasa una gran parte de su tiempo libre haciendo esas actividades, su hijo les dará una importancia exagerada y creerá que divertirse en el tiempo libre y comunicarse con otros está estrechamente relacionado con el computador.

En sentido contrario también puede ser un modelo positivo para su hijo. Si se puede sentar a leer un buen libro plácidamente su hijo aprenderá algo positivo de esa situación y se interesará por la lectura; ese aprendizaje se puede reforzar usando parte de su tiempo libre para hojear con su hijo libros animados o para leerle algo. Encienda el televisor solo para ver un programa específico o una buena película, su hijo aprenderá a no ver televisión solo por ver algo. Lea el periódico con regularidad, su hijo aprenderá que el periódico es un medio de información importante.

La educación mediática básica de un niño ocurre por imitación. Sus padres muestran competencia mediática

- En la elección del canal de televisión
- En la elección de los juegos en computador
- En la duración del juego y el tiempo frente al computador.

De esa forma los niños pueden adquirir una buena competencia mediática por observación. Después de los padres, hermanos y otras personas cercanas, las personas de su misma edad, principalmente en la etapa adolescente, son las que intervienen en su proceso de socialización presentándoles modelos a seguir, enseñándoles normas y ejerciendo una gran influencia sobre el uso de los medios. Sin embargo, si el niño ve en sus padres un buen ejemplo a seguir, eso ya es un buen fundamento para resistirse a las influencias negativas de los niños de su edad.

Los padres siempre deben ser conscientes de su papel de educadores mediáticos y modelos a seguir para sus hijos; solo si se comportan como buenos modelos pueden poner límites a sus hijos de forma argumentativa y correcta.

Los juegos en computador no son niñeros

Usted no solo es un modelo de aprendizaje para su hijo con respecto a su comportamiento mediático, también lo es con su comportamiento cotidiano; con frecuencia si los padres no tienen tiempo para su "aburrido" hijo le permiten cómodamente que se entretenga con cualquier medio: puede ver televisión o jugar computador para que usted esté tranquilo. Recibe visita, su hijo no tiene con quien hablar o jugar y lo saca de quicio: los juegos en computador son una buena medida para que los niños permanezcan tranquilos pero, ¿qué aprende su hijo con ese comportamiento? Aprende que usted actúa de manera inconsecuente: los horarios de juego ya no son válidos cuando usted tiene algo mejor que hacer que ocuparse de él, aparte de eso aprende que es menos importante que su trabajo, familiares o amigos. En esos casos debe ofrecerle a su hijo alternativas para que se ocupe con algo diferente en vez de dejarlo jugando computador: aliéntelo a dibujar algo para usted o para la visita a construir una casa de Lego; cuando haya terminado su "trabajo" debe tomarse el tiempo de elogiarlo y admirar su obra.

Si tiene que hacer trabajo en el jardín o en la casa intente que su hijo se ocupe también de esas tareas: los niños normalmente se divierten al trabajar con sus padres, les gusta ayudar a hornear, lavar o limpiar (a los niños les encantan todos los trabajos con agua), también plantar o hacer trabajos livianos en el jardín, pues pueden tomar cosas, investigar y hacer algo propio, pero lo principal: pueden hacer algo con usted.

En muchos casos ambos padres trabajan, están estresados y con presión de tiempo, por lo tanto el niño está frecuentemente solo. También en esos casos los niños se refugian en los juegos en computador, no solo para no aburrirse, sino también para reprimir su sensación de soledad; en el juego encuentran personajes que les son familiares y con los que pueden pasar el tiempo. Si su hijo permanece solo por horas jugando con el computador está corriendo los riesgos descritos anteriormente y usted debería buscar una forma de acortar ese tiempo de soledad: podría encontrar amigos con los que su hijo se pueda quedar mientras usted no está, encontrar una niñera, un cupo en la guardería o hacer que su hijo empiece a ir a un colegio de jornada completa.

Los niños que permanecen mucho tiempo solos en casa se sienten sobreexigidos por las reglas de comportamiento acordadas para el uso del computador ya que su sensación de soledad es bastante fuerte. Llegan a casa y no encuentran con quien hablar, la casa está vacía y en silencio. El vacío y el silencio le pueden producir tal malestar que infringe los contratos acordados relacionados con el tiempo para ver televisión y jugar con el computador y enciende de inmediato el televisor o la consola de videojuegos para encontrarse con sus personajes favoritos y no sentirse tan solo.

En ese caso la ruptura de la norma está condicionada por la situación opresiva del niño. Su trabajo como padre consiste en cambiar esa situación.

¿Quitar los juegos en computador como castigo?

Si su hijo no respeta los convenios ni los límites acordados debe ser castigado para que sepa que su comportamiento, su violación del trato y su traspaso del límite tienen consecuencias negativas. Los castigos deben ser perceptibles, pero no crueles o hirientes, así que el repertorio de posibles castigos disponibles se reduce considerablemente: los golpes son hirientes, suprimir la comida cruel, ofenderlo humillante, el arresto domiciliario absurdo y los trabajos forzosos malo. En este dilema de reaccionar con castigos pero sin ser drásticos muchos padres recurren a prohibir la televisión o el computador como medida de castigo.

¿Tienen sentido esos castigos? Hay pedagogos y psicólogos que desaconsejan el uso de castigos porque los niños bajo amenaza no desarrollan una conciencia autónoma ni una moral de confianza, por el contrario solo tienen en cuenta las reglas mientras están siendo controlados. Respaldan premiar el comportamiento positivo e ignorar el negativo o explicar sus consecuencias. La sensibilidad y la empatía deben capacitar al niño para disminuir su comportamiento negativo; es importante en este caso el comportamiento de la persona modelo a seguir, especialmente de sus padres.

También hay otros pedagogos y psicólogos que le encuentran sentido al castigo y valor en la imposición de la norma y el cambio de comportamiento. Los sociólogos han desarrollado una teoría del castigo que dice básicamente que no debe haber un espacio de tiempo largo entre la ruptura de la norma, el comportamiento incorrecto y el siguiente castigo; el niño debe reconocer de inmediato que el castigo es la consecuencia de su comportamiento incorrecto y que la medida de castigo tiene una relación significativa con el comportamiento mostrado, el castigo debe tener algún contenido relacionado con el comportamiento negativo y el niño debe poder reconocerlo y entenderlo.

El castigo arbitrario pierde su objetivo: lograr un cambio de comportamiento positivo.

Un ejemplo puede aclararlo

A Sebastián, un joven algo torpe, lo molestan en el colegio con frecuencia. Hoy lo volvieron a molestar sus compañeros del colegio y está de mal genio; al llegar a casa tiró su maleta con ira hacia el rincón golpeando un jarrón y rompiéndolo, en ese momento su madre se puso de muy mal genio y lo reprendió; al final lo envió a su habitación y le gritó: "¡Y esta semana no puedes jugar en el computador!".

Se tuvo en cuenta el primer punto de la teoría del castigo; el castigo fue inmediato pero, ¿qué tiene que ver el jugar en el computador con el comportamiento errado de Sebastián? En este caso el niño no puede reconocer una relación entre su acción y el castigo recibido; el castigo parece haber sido escogido arbitrariamente. Sebastián no podrá entender el castigo y, por tanto, tampoco aceptarlo.

¿Cómo habría podido reaccionar mejor la mamá de Sebastián? Estaba realmente de mal genio y tenía derecho a reprender y enviar a su rudo hijo a la habitación, esa reacción es clara para el joven, pero el tema de jugar en el computador parece inadecuado, ¿pero cuál habría sido un castigo significativo? La madre habría podido enviar a su hijo a la habitación pero antes hacerle recoger del piso los trozos del jarrón; debió haberle explicado que tenía que reparar los daños. Haber reducido su mesada habría sido una buena medida. Sebastián podría pagar los daños en pequeñas cuotas; ese castigo estaría relacionado directamente con el hecho y sería comprensible para el joven.

Para ir un poco más allá también habría sido importante preguntarle al niño en este caso por la razón de su ataque de ira, probablemente necesita del apoyo de la madre y del profesor para eliminar la causa de su ira.

¿Cuándo puede ser conveniente eliminar los juegos en computador como castigo?

Si el niño ha sobrepasado los límites de juego y de esta forma ha roto las reglas acordadas, prohibir el juego parece ser la mejor opción de castigo.

Si el niño alquiló un juego no apto para su edad cuando estaba con sus amigos en contra del acuerdo de solo usar juegos apropiados para su edad, y estuvo disparando en el mundo virtual, la prohibición de los juegos es una sanción apropiada para el caso. Sin embargo esa prohibición debe estar acompañada de una charla sobre las consecuencias negativas de los juegos para adultos en el desarrollo infantil.

Si el niño dice que debe hacer una investigación en Internet para una exposición del colegio y usted descubre que en vez de estar investigando está jugando *online* también está bien prohibir los juegos en computador.

Prohibir los juegos en computador siempre es una buena opción de castigo cuando el niño actúa en contra del contrato de comportamiento acordado en relación con los mismos.

Para tener en cuenta: si la prohibición de los juegos en computador se emplea siempre como castigo, les estará dando un valor que no merecen. Ante los ojos de los niños estos son desproporcionadamente valorados como la actividad de tiempo libre más interesante y popular. ¡No les dé tanta importancia!

LOS NIÑOS FUERTES NO SE VUELVEN CRIMINALES PELIGROSOS

Los niños que han disfrutado de una educación de compañerismo, consecuente y llena de amor no se vuelven adictos ni criminales; para prevenir la disposición a la violencia mediante la educación son especialmente importantes los siguientes puntos:

Desarrollo de una conciencia sólida sobre las normas

Desde temprana edad los límites, las reglas sociales, solicitudes y prohibiciones son importantes para el niño. No solo significan una restricción de su propio comportamiento, también ayuda y orientación. Desde temprano el niño debe aprender que está prohibido golpear a otros para satisfacer los deseos propios; que está prohibido romper las cosas por frustración o ira. Al niño se le deben poner límites claros desde pequeño y él debe aprender a aceptarlos.

Ejemplo

Camila tiene cuatro años; su hermano tres años mayor que ella está jugando con un amigo, están construyendo un fuerte en lego, Camila quiere jugar con ellos pero su hermano lo impide diciéndole cariñosamente: "Camila, estamos construyendo algo y no puedes jugar con nosotros, más tarde cuando terminemos esto jugamos contigo, ¿está bien?" Camila no puede soportar el rechazo, se pone iracunda y destruye el fuerte que estaban construyendo los niños; los niños también se molestan bastante, toman a Camila, la sientan frente a la puerta y cierran la habitación con llave. Camila grita como poseída y la mamá quiere saber qué está pasando. "Ellos no me quieren dejar jugar y me sacaron de la habitación", lloriquea la pequeña.

Para las madres en general, existe una predisposición a estar siempre a favor del hijo que está llorando. Esto es un error: la mamá debe primero aclarar la situación y explicarle a Camila que ella provocó el problema; también debe aclararle que se portó mal al haber dañado el fuerte de su hermano y que eso no se debe hacer; a continuación debe castigar de inmediato el comportamiento de Camila. "Camila, fuiste mala con los niños, ve y discúlpate con ellos, recoge las fichas que tiraste y ponlas de nuevo en la caja para que puedan seguir jugando". De esta manera Camila aprende que no se deben romper cosas por frustración, que debe tener consideración con su hermano y su amigo y que debe reparar los daños que hizo.

Los niños no solo aprenden normas y reglas en la familia, también lo hacen en grupos de niños y clubes deportivos; se recomienda integrar a los niños desde pequeños en grupos para fortalecer su conciencia de las normas y su habilidad de trabajo en comunidad. Por ejemplo, en grupos de gimnasia infantil los pequeños aprenden que deben regirse por reglas: no deben quitarles a otros niños los equipos de gimnasia, por ejemplo, un balón; en una pista de juego deben hacer fila y esperar hasta que llegue su turno; en una carrera de relevos deben respetar el camino delimitado; en los juegos de cogidos no pueden tomar a sus oponentes del cabello, etc. Los niños aprenden qué está permitido y qué va en contra de las reglas en el grupo mediante la observación y la reacción del director del grupo, profesor o compañeros de juego qué está permitido y qué va en contra de las reglas; también aprenden que los juegos en grupo solo funcionan cuando todos los integrantes acatan las reglas.

Otro factor importante para la prevención de la violencia es el desarrollo de la empatía: su hijo debe aprender a ponerse en el lugar del otro y a tener en cuenta el principio "No hagas a otros lo que no quieres que te hagan a ti". ¿Cómo desarrolla un niño la capacidad de la empatía? El primer camino es de nuevo la imitación; mediante la observación de las personas más cercanas aprende qué es empatía.

Ejemplo

Usted está haciendo compras con su hijo, él bosteza y se frota los ojos, está cansado pero usted todavía tiene que hacer muchas cosas más. En vez de continuar haciendo sus compras con severidad, debería darle un respiro a su hijo: "Mi vida, me doy cuenta de que estás cansado, hacer compras es agotador para ti así que hagamos una pausa y nos comemos un helado". Su hijo notará que para usted es importante su estado y sus necesidades, que lo tiene en cuenta y lo respeta; de su comportamiento su hijo puede aprender qué es empatía; la pausa y el helado le sentarán bien y notará que el respeto es algo bueno.

El segundo camino son las explicaciones. Si su hijo se comporta de forma asocial, les quita los juguetes a sus hermanos menores, habla mal de un dibujo que hizo alguno de sus hermanos o los insulta por un trabajo del colegio que les quedó mal, usted debe explicarle que su comportamiento está siendo ofensivo. Si su hijo demuestra un comportamiento empático debe premiarlo por eso.

Ejemplo

En un cumpleaños los niños juegan con el balón en el jardín. Su hijo domina el juego muy bien y la mayoría de sus amigos también son buenos, solo Carlos es poco hábil y se queda inmóvil; los niños se ríen de él y lo insultan llamándolo "cero a la izquierda", su hijo les advierte a sus amigos que traten bien a Carlos y lanza el balón suavemente en dirección a Carlos para que lo pueda atrapar. Su hijo percibió los sentimientos de Carlos, sintió empatía al ver que sus amigos le hacían daño, sintió respeto por él y al lanzarle el balón lo integró nuevamente al juego. Ese comportamiento debería ser premiado de su parte y debería elogiar el respeto y la empatía, así el niño aprende que la empatía es importante y su comportamiento positivo es reforzado con elogios.

El acoso psicológico hace débiles a los niños

En el último ejemplo Carlos fue víctima de acoso psicológico por parte del grupo de juego. Los niños que presentan alguna particularidad, que son gordos y torpes o que tienen alguna otra peculiaridad corporal como dientes torcidos o salidos o las orejas muy grandes, son con frecuencia víctima de las burlas de sus compañeros y en muchos casos se ven aislados del grupo. También los niños con particularidades sociales o psicosociales, como tener dificultades de aprendizaje, proceder de familias con dificultades económicas o ser muy miedosos y cuidadosos son víctimas del acoso psicológico; estos niños son lastimados y humillados dentro del grupo en repetidas ocasiones y buscan liberarse del mal que les hacen retirándose del grupo.

Si a su hijo no le gusta ir al jardín infantil, al colegio o al grupo de deporte, debe tener una charla confidencial con él y aclarar las razones del rechazo a los grupos. Si averigua que su hijo está siendo víctima de burlas, le están haciendo la vida imposible o está siendo excluido, debe hablar con el profesor o coordinador de grupo; su hijo necesita su apoyo y a la vez usted debe reforzar en él la seguridad en sí mismo, transmitirle cariño y respeto y fomentar sus talentos y fortalezas. Los niños que molestan a otros no se comportan con empatía: les propinan a sus compañeros ofensas psíquicas que ellos mismo no son capaces de soportar.

Actualmente el acoso psicológico es un problema presente en jardines infantiles y colegios y hay bastantes programas para contrarrestarlo que se realizan en cada institución de forma diferente. Si sabe que su hijo es víctima o autor de acoso psicológico diríjase a sus profesores o coordinadores y sugiera que en el grupo se refuerce el aprendizaje social y se lleven a cabo programas antiacoso.

Los amigos también son modelos de aprendizaje

No solo los padres y otros adultos son modelos de aprendizaje para niños y jóvenes. En los primeros años de vida son muy significativos, pero con el paso del tiempo los amigos además se convierten en modelos a seguir y líderes de opinión. Por tarde en la pubertad los jóvenes intentan librarse de sus padres y encontrar un estilo de vida propio; en esa época es muy importante la interacción con otros jóvenes de su edad: las opiniones, preferencias y normas de los de su edad se adoptan y no solo se trata de cosas inofensivas como la moda, el gusto musical o las actividades de tiempo libre.

Las convicciones políticas y opiniones sociales también se comparten con los amigos; los padres no han perdido su influencia aunque la influencia del grupo de amigos de la misma edad aumenta. Los niños que tienen una buena relación con sus padres no se van a apartar de sus padres durante la adolescencia para dedicarse únicamente a su grupo de amigos. Aproveche su influencia y cuide la simpatía que tiene con su hijo especialmente en esta fase de la vida.

Mantenga contacto también con los amigos de su hijo, fíjese bien en su grupo de amigos: a veces se manifiestan opiniones, prejuicios y normas que van en contra de sus convicciones como padre. Las opiniones problemáticas como xenofobia, rechazo a los deberes escolares o disposición a la violencia pueden influenciar negativamente a su hijo.

Por la investigación criminalística se sabe que los adolescentes que pertenecen a un círculo de amigos con disposición a la violencia y a la delincuencia están en más riesgo de cometer delitos. Si los amigos de su hijo están a favor de la violencia física en los conflictos con otros, acosan psicológicamente a otros en el colegio y/o pasan su tiempo libre con juegos en computador con violencia excesiva debería tener una charla seria con su hijo, invitar a sus amigos e intentar hablar con ellos y presentarles su opinión al respecto. Si en esa etapa crítica pierde el contacto con su hijo y su círculo de amigos, ese puede ser el principio de una funesta carrera.

Ejemplo

Luis es un joven que vivía en buenas condiciones y disfrutaba de una educación estricta, era juicioso, rendía bien en el colegio y era un estudiante tan sobresaliente que se había saltado el tercer grado; en los primeros años de bachillerato seguía siendo un buen estudiante; en la pubertad se adhirió a un grupo de amigos que estaban en contra de la escuela y además eran delincuentes. Luis también se volvió delincuente y cometió algunos delitos de propiedad. Sus padres estaban espantados y perdieron el contacto familiar y la influencia sobre el joven, así él quedó totalmente bajo la influencia del grupo, que además también era violento. Luis fue procesado por lesiones personales y llevado a juicio, por lo que tuvo que cumplir con un castigo de servicios sociales. Sin embargo, la influencia del grupo siempre estuvo latente y hoy en día Luis se encuentra en el régimen penitenciario juvenil debido a varios delitos y lesiones personales.

En el caso de Luis no fueron los juegos en computador violentos los que lo llevaron a actuar violentamente y a ser delincuente, fue la funesta influencia de su círculo de amigos en contra de la de sus padres, que no pudieron hacer nada.

En cuanto al reciente caso de síndrome de Amok en Winnenden (Alemania), sería demasiado sencillo decir que las causas de los actos violentos del joven están en los juegos con contenidos violentos. En realidad se trataba de un caso en el que los padres del joven dejaron de percibirlo; en ese caso no se trató de un grupo de amigos que lo motivaron para ser violento, él fue más bien víctima de la exclusión: no tenía amigos ni novia. En esos casos los padres también deben fijarse si su hijo tiene problemas para relacionarse, si está siendo excluido o acosado. En el caso de Winneden, el muchacho afectado por el síndrome de Amok era un joven débil, solitario y depresivo pero exteriormente adaptado; durante su desarrollo se desaprovechó la oportunidad de transmitirle seguridad en sí mismo, autoestima y habilidad para resolver conflictos; durante la pubertad no encontró ninguna conexión con otros jóvenes de su edad, no se sintió aceptado por sus compañeros. El deporte con armas le transmitió una seudoseguridad en sí mismo y sensación de poder, el pulseo le dio un sentimiento momentáneo de fuerza y significado, pero ambos deportes no pudieron construir realmente su autoestima.

No solo tener amigos delincuentes debe despertar una señal de alarma en los padres, también debe hacerlo la falta de amigos; los niños necesitan amigos para separarse un poco de sus padres y ser independientes, necesitan amigos para encontrar su papel en la sociedad, necesitan amigos para descubrir su propio estilo de vida y para sentirse parte de la sociedad.

Si su hijo tiene problemas para relacionarse con los demás, es muy solitario y es rechazado por los demás niños de su edad debe buscar ayuda profesional e ir con su hijo al terapeuta; los niños débiles y solitarios necesitan ayuda.

Los niños débiles con muy poco grado de integración en el colegio y en los grupos de actividades de tiempo libre normalmente son jugadores intensivos y corren el peligro de huir del mundo real al virtual (escapismo); así mismo corren el peligro de compensar su impotencia real y su insignificancia en los juegos en computador que les da la sensación de poder y dominio.

Los niños también ven modelos en los medios, las películas y los juegos en computador

No solo las personas reales que el niño se encuentra en su entorno impulsan su aprendizaje por observación, también lo hacen los personajes y héroes de los juegos en computador con los que el niño se siente identificado (teoría de aprendizaje social). Los personajes problemáticos son aquellos concebidos como modelos de violencia y presentados como figuras simpáticas para que los jóvenes se sientan identificados con ellos; son mejores modelos a imitar que el bribón poco simpático y violento y cuanto más tiempo y con más frecuencia estén en contacto con niños y jóvenes, serán modelos de aprendizaje más efectivos. Por lo tanto su efecto se reforzará cuando el niño tenga en su entorno en la vida real experiencias de violencia similares a las presentadas en las películas o en estos juegos; la disposición al aprendizaje se continuará reforzando mientras más coincida el ejercicio de la violencia con las normas y los valores que el niño ha interiorizado hasta ese momento: violencia usada para defender al bueno, para salvar al personaje bueno, al inocente o a toda la humanidad.

¿Qué valores, normas, prejuicios y tipificaciones caracterizan los diferentes tipos de juegos?

Los héroes de los juegos, y con ellos las personas que se pueden identificar con ellos, son casi siempre luchadores masculinos, valientes, intrépidos y tenaces que personifican un ideal de masculinidad extremadamente estandarizado. Para legitimar la violencia se crean conceptos de lo que consideramos enemigo; esos enemigos son feos, malos, sin carácter y sin valor. Aparte de eso la violencia se legitima moralmente con la lógica del juego ya que es usada con buenos fines como liberación, defensa, ayuda o defensa propia. También se pueden encontrar en los juegos motivos moralmente ambiguos pero profundamente humanos como la venganza y la justicia por las propias manos. En los juegos de guerra se hace una réplica parcial e histórica de esos conceptos y prejuicios hacia otros pueblos. Se destruye, devasta y aniquila como en las guerras reales sin tener en cuenta la perspectiva de las víctimas, sin mostrar el sufrimiento de la población atacada: al jugador se le muestra que la guerra es "algo limpio", es uso de alta tecnología. En estos juegos no hay lugar para la empatía.

Los juegos de violencia y de guerra son encasillados como preocupantes desde el punto de vista psicológico, ya que evidentemente no es conveniente para niños y jóvenes jugar con frecuencia o con dedicación ese tipo de juegos; sin embargo, no se debería sobrevalorar el efecto de ese tipo de juegos ya que los modelos reales de aprendizaje, especialmente usted en su papel de modelo como padre, tienen claramente más influencia sobre la formación de opiniones y el modo de actuar del niño o joven que los modelos mediáticos de aprendizaje. Si usted rechaza la violencia en su familia, educa a sus hijos con carácter apacible y tolerancia y además les da ejemplo de esas virtudes, no debe preocuparse si su hijo usa juegos de violencia de vez en cuando; esto es válido especialmente para niños mayores que ya pueden diferenciar claramente entre la realidad y la ficción (a partir de los 7 años) y para niños que tienen conciencia de autonomía (a partir de los 12 años).

¿Por qué los juegos violentos cautivan principalmente a los jóvenes?

Los niños y los jóvenes de nuestra sociedad están rodeados de diversas formas de violencia, tanto explícita como sutil, aunque esta última en mayor medida: castigo corporal en el entorno familiar, peleas en el grupo de amigos, acoso psicológico en el colegio, restricción de libertad en el tiempo libre, competición en el colegio, etc. Principalmente los niños, aunque los jóvenes también, están casi siempre en el papel de víctimas y experimentan el dominio ejercido sobre ellos. Ya que en la realidad como víctimas tienen muy pocas posibilidades de ejercer poder y dominio, aprovechan la oportunidad de hacerlo en el juego. Adicionalmente los juegos ofrecen a los jóvenes personajes con atributos típicos de masculinidad: valor, capacidad para imponerse, fuerza, agresividad, predisposición a correr riesgos y espíritu emprendedor. Esos atributos aún son transmitidos a niños y jóvenes a pesar de la igualdad de derechos y géneros, de la coeducación y su socialización específica relacionada con el género: un joven es fuerte, valiente y valeroso, un verdadero joven es lanzado, pelea, mide su fuerza con otros y no evita conflictos porque solo los cobardes huyen. Los jóvenes deben ser agresivos, las señoritas se educan para que se adapten, tengan buena conducta, sean recatadas, tolerantes y pacientes; debido a que a las niñas no se les ofrecen personajes de identificación en los juegos, prefieren no jugarlos; además los modelos de comportamiento que se promueven en esos juegos van en contra de sus experiencias reales y de su educación.

Tiempo libre con los padres

Como se expuso anteriormente, aún hoy los niños pasan una parte de su tiempo libre con sus padres; por lo menos un 22,5 por ciento de los encuestados entre 12 y 19 años aún pasan tiempo con su familia, incluso varias veces a la semana; los niños disfrutan pasar tiempo con sus padres; con el aumento de la edad se reduce el tiempo libre común con sus padres a favor del tiempo con sus amigos de la misma edad, pero a los jóvenes les sigue gustando compartir actividades de tiempo libre con sus padres. En el momento de planear las actividades de tiempo libre conjuntas siempre debe tener en cuenta los intereses y deseos de sus hijos pero también decirles claramente qué tiene o no tiene ganas de hacer; recuerde que siempre debe comportarse siendo auténtico. Las actividades de tiempo libre conjuntas también deben negociarse siguiendo el principio de la educación de compañerismo, donde la autenticidad en el comportamiento representa un factor determinante.

Tiempo libre sin medios audiovisuales

Para la relación entre padres e hijos es importante compartir actividades en el tiempo libre la mejor ocasión para charlar en familia sin estrés ni presión de tiempo; al conversar con usted el niño nota que a usted le interesan sus preocupaciones, su modo de vida y sus éxitos; si a la vez usted le cuenta algo acerca de sus preocupaciones, su día a día y sus vivencias agradables en pequeñas dosis, según la edad de su hijo, sentirá que usted lo toma en serio como interlocutor. Pequeñas dosis según la edad quiere decir que no debe sobrecargarlo con sus preocupaciones, miedos o conflictos, ya que un niño puede fácilmente sentirse agobiado en sus competencias sociales; también se corre el riesgo de que tome a su hijo como sustituto de su pareja. Ese peligro se presenta principalmente en el caso de madres o padres solteros y en familias con padres separados. Tanto niños como jóvenes se sienten abrumados con los problemas de separación de sus padres, en ese punto se encuentra el límite de la conversación de pareja, determinado por la empatía existente; intente sentir como su hijo y fíjese en qué le puede exigir y qué sería excesivo o abrumador.

Una parte fundamental del tiempo libre compartido debería ser la comida, ya que al hecho de estar en comunidad se le agrega la vivencia sensorial, el consumo. Toda la familia se sienta a la mesa y cada uno de los integrantes puede contar con tranquilidad algunas de sus vivencias del día, el niño puede desahogarse hablando de sus preocupaciones, puede contar cosas alegres y positivas que le ocurrieron durante el día y a la vez aprende a escuchar durante la conversación; también practica las reglas para mantener una conversación. Es una falta de tacto total encender el televisor cuando toda la familia se reúne a comer: la atmósfera se altera intensamente y parece que la información intercambiada se convirtiera en algo de poca importancia.

Para complementar actividades conjuntas en familia como las charlas y la comida también debe haber secuencias de juegos: juegos de cartas tradicionales, juegos de mesa, ajedrez, etc. Los niños más jóvenes, especialmente los de edad escolar básica, aman los juegos didácticos en los que puedan medirse con sus padres. Cuando los niños son capaces de vencer a sus padres en ese tipo de juegos aumenta su diversión, también se refuerza su seguridad en sí mismo y se fomenta su motivación por el aprendizaje.

Las competencias deportivas que normalmente pueden realizarse al aire libre también deberían hacer parte de las actividades conjuntas de tiempo libre en familia. La variedad en esas actividades es muy extensa y es posible encontrar algo para cada edad: juegos de balón, carreras, tenis de mesa, cogidos. Esos juegos son tradicionales pero aún hoy siguen divirtiendo a los niños.

Los niños también pueden iniciar a sus padres en nuevas actividades de tiempo libre.

Un ejemplo personal

Cuando nuestros hijos estaban en primaria participaron en un curso de tenis. Ese deporte los divertía bastante y pasaban una gran parte de su tiempo libre jugándolo. Nosotros como padres también nos contagiamos del entusiasmo de nuestros hijos así que también tomamos clases de tenis y desde hace varios años el tenis se convirtió en un deporte familiar; los domingos en la tarde jugamos dobles familiares: mujeres contra hombres, jóvenes contra viejos o padre e hija contra madre e hijo. Se lucha, se habla y se hacen tonterías; ese tiempo libre compartido por todos no solo divierte a toda la familia, también es una parte importante para la unión familiar.

Además de las actividades deportivas y los juegos sociales hay muchas más cosas para compartir en familia en el tiempo libre: averigüe cuáles son los intereses de los miembros de la familia y encuentre alguno común: ir al cine, ir de compras, jugar, escuchar música o simplemente no hacer nada, acostarse a tomar el sol mientras se habla de algo y se disfruta del tiempo juntos.

Las excursiones familiares son experiencias muy valiosas pues desde el momento de la elección del destino se tienen en cuenta los intereses de todos los miembros de la familia. Para una familia tener un día de caminata puede ser una buena experiencia con la naturaleza con algo de actividad física, para otra puede ser algo muy aburrido y tonto para los niños; en este último caso el día de caminata se convierte en un programa obligatorio en vez de ser divertido. A muchos niños les gusta visitar parques de diversiones: las múltiples posibilidades que ofrecen la montaña rusa y la acuática, entre otras atracciones, les permiten satisfacer la necesidad infantil de vivir miedo y alegría a la vez; también pueden probar su valor y poner a prueba sus límites. Los parques acuáticos también son muy queridos por los niños, pues así como los parques de diversiones, ofrecen la posibilidad de sentir miedo y alegría a la vez.

Muchos niños buscan aventura y experiencias exitosas en los juegos en computador. Intente unir esos dos elementos en sus excursiones: los niños sentirán cosquilleo, velocidad y el reto de ir hasta sus propios límites en la realidad. Todas estas experiencias también refuerzan la unión familiar.

El tiempo conjunto también se puede usar para hacer labores del hogar o bricolaje; a medida que los niños crecen la familia se parece más a una "vivienda comunitaria" donde cada integrante hace un aporte por el bien de la vida en común. Cocinar en familia tiene un gran valor para el tiempo libre; si la familia decide que la sala debe ser pintada nuevamente los miembros de la familia pueden asumir el rol de pintores y hacer el trabajo acompañado de conversaciones amenas y diversión, de esta forma se está hablando de otra actividad de tiempo libre. Al trabajar juntos es importante que los padres confíen en sus hijos, que no los vigilen y les den espacio para aprender de sus propios errores. Esos son los elementos que los niños más valoran en los juegos en computador. Compita con esos juegos.

El trabajo de la casa hecho en conjunto, además de ser una oportunidad para compartir, tiene un efecto pedagógico: al hacer participar a su hijo en las tareas de la casa y asignar responsabilidades a cada uno de los miembros de la familia no solo está fortaleciendo la unión familiar dentro de su "vivienda comunitaria", también está fomentando la conciencia de responsabilidad y el sentido del deber de su hijo; ambos son elementos importantes de la educación normativa. Como se indicó antes, reforzar la conciencia de la norma es un elemento significativo para la prevención de la violencia.

Tiempo libre con medios audiovisuales

En nuestra sociedad los medios hacen parte del tiempo libre cotidiano, por lo que los padres deben incluirlo dentro de los planes de tiempo libre en familia. Una tarde de televisión puede ser igual de divertida para padres e hijos si antes se ha acordado qué ver, que sea igual de interesante para todos los participantes, pero jugar en el computador o en una consola de juegos también significa diversión familiar en el tiempo libre.

Todos estarían de acuerdo con que la familia se reúna en la noche o el fin de semana a practicar algún juego de mesa, pero si se tratara de un juego en computador en familia muchos estarían en desacuerdo o se mostrarían escépticos ante la situación. Esa actividad se diferencia de las demás solo por el medio, en contenido son iguales; hay diferentes juegos de conocimiento que se pueden practicar por varios miembros de la familia, es decir, que los pueden hacer competir entre ellos. Esos juegos están concebidos de la misma forma que los juegos de mesa convencionales.

Otros juegos en computador o consola apropiados para jugar en familia son, entre otros, los juegos de carreras de carros: padre e hijo pueden retarse en una carrera, pues precisamente en la pubertad a los jóvenes les gusta competir con sus papás para demostrarles que son fuertes y que en algunos aspectos son mejores que ellos. Una carrera de carros es totalmente inofensiva y sirve de mucho apoyo para la relación entre padre e hijo aunque la competencia entre generaciones no sea fácil de soportar; otros juegos ideales para la competencia familiar son los de fútbol o cualquier otro deporte.

Otro ejemplo personal

Nuestro hijo recibió de cumpleaños la consola Wii y un juego de deporte. Después de la celebración jugaron cuatro generaciones, se divirtieron y hubo algo para cada uno: boxearon y jugaron bolos usando todo el cuerpo; como el juego ofrece diferentes disciplinas todos tuvimos la oportunidad de obtener puntaje en el deporte favorito. Nuestro hijo fue el mejor en tenis, el papá en golf, el tío en bolos y el abuelo en boxeo. Las mujeres también se divirtieron con el juego y el movimiento.

Aproveche las competencias de su hijo

Hoy en día aún existen muchos padres inseguros en el uso de computadores; en la mayoría de las profesiones se exige tener conocimientos de computadores pero los padres son con frecuencia torpes en cuanto al uso de juegos en computador, de Internet y de diferentes programas de cálculo. Los niños no. Saben usar el computador perfectamente, se guían por su curiosidad natural y simplemente intentan hacer todo lo que se les ocurra y sea posible. Juegan, prueban, practican. Y bien se sabe que el ejercicio hace al maestro. Eso se puede comprobar fácilmente en los niños: su naturalidad y motivación les facilitan un aprendizaje rápido y un avance para volverse rápidamente pequeños maestros. Los maestros también son instructores; si tiene problemas con el manejo del computador, si no sabe cómo se instala un juego o cómo seguir avanzando pídale ayuda a su hijo.

Pero también fuera del ámbito de juego los niños saben manejar computadores mejor que cualquier adulto: descargando música, chateando, enviando *e-mails*, instalando programas nuevos, entre otros. Su hijo podría ser su maestro en ese tema.

¿Le parece extraña o desagradable esa idea? Claro, los padres no están acostumbrados a estar en el rol del aprendiz pues normalmente son ellos los que les explican el mundo a los hijos, responden sus preguntas, les ayudan con las tareas y los aconsejan cuando tienen problemas. Ese reparto de roles en la relación entre padres e hijos es fijo, pero no solamente para los padres; los niños, sobre todo los más jóvenes, consideran a sus padres "sabelotodos" y "todopoderosos" y quedan sorprendidos o confundidos cuando sus padres no contestan sus preguntas o no pueden hacer algo. Con el aumento de la edad esa relación de roles cambia y los niños corrigen sus expectativas sobre sus padres pero, ¿los padres corrigen sus expectativas sobre ellos mismos?

Para la relación entre padres e hijos puede ser productivo que usted se familiarice con el rol de aprendiz: si usted le pide consejos o ayuda a su hijo y nota que en realidad sí le puede ayudar, su hijo se sentirá orgulloso e importante y su seguridad en sí mismo se reforzará. Si usted quiere lograr un estilo de educación de compañerismo con su hijo la ayuda mutua es un pilar en ese camino.

Asumir el rol de aprendiz provoca miedo a los padres. Temen perder la autoridad y creen que su hijo podría respetarlos menos. Esos miedos, si bien son comprensibles, son totalmente infundados. Su hijo lo respeta porque quiere, porque usted es importante para él y porque usted es digno de su confianza. Un padre que finge saberlo y poderlo todo no es verdaderamente respetado por el niño, solo es temido; si el niño crece y descubre que ese progenitor autoritario finge más que lo que verdaderamente posee, habrá rechazo en vez de respeto, pues aceptar las debilidades propias hace parte de la legitimidad y la sinceridad. Una persona autoritaria tiene carisma, es digna de confiar pero no es infalible, así que acepte sus debilidades y no confunda el respeto con la obediencia o con el miedo.

De todas maneras, con el aumento de la edad su hijo será superior a usted en diferentes ámbitos: en el deporte, en la velocidad de reacción y aprendizaje, en cuanto a la flexibilidad, buena forma y condición. ¿Por qué no aceptar desde antes que él puede ser mejor que usted?

Resumen

En los capítulos anteriores ya se habló bastante de lo que es relevante para su hijo en cuanto a la educación mediática y qué lo distingue a usted como un buen pedagogo. En este apartado resumimos los puntos más importantes.

¡Así será un buen pedagogo!

Un buen pedagogo ejerce un estilo de educación democrático; considera al niño, al bebé y al niño pequeño como personas que merecen el mismo respeto que uno mismo espera recibir. Si quiere ser un buen pedagogo mediático que protege a su hijo de los juegos en computador problemáticos, que previene la disposición a la violencia y le enseña a su hijo a ser competente en medios, entonces debe tener en cuenta los siguientes puntos:

- Su hijo busca en usted, especialmente en la edad más joven, su cercanía y compañía, en la adolescencia aumenta el interés por poder discutir argumentativamente con usted. Tómese tiempo para su hijo, para jugar juntos; incluso el juego en computador es más divertido en compañía, proporciona más entretenimiento y emoción.

- Además de la diversión al jugar computador o videojuegos en compañía, al niño también se le puede proporcionar una mayor sensación de éxito, ya que sabe manejar el computador de forma más segura y supera los juegos más rápido. Debe darle a su hijo la oportunidad de ser su maestro; esa confirmación fomenta su seguridad y disposición al rendimiento y contribuye a la consolidación y al fomento de su relación de compañerismo. Esa consolidación que debió haber empezado a muy corta edad, es una base sólida para la

argumentación en la edad adolescente. En la relación entre
padres e hijos solo se dan las fricciones necesarias en el proceso de autoconfirmación e independización del adolescente; por el contrario, la "guerra" intrafamiliar caracterizada por
la incomprensión y la desconfianza mutua desaparece. Los
conflictos generacionales son solubles sin romper las relaciones y se pueden solucionar más fácilmente con un niño/
adolescente fuerte, pues son socialmente competentes.

- Tómese en serio la competencia del computador como compañero del tiempo libre de su hijo: el computador parece
ser un compañero de juegos ideal: siempre está disponible,
funciona y nunca "se desespera". Tómese el tiempo para hacer algo con su hijo, para jugar algo que sea divertido para
todos los participantes, de no ser así puede perder la batalla
con el computador por ser el compañero del tiempo libre de
su hijo. De esa forma contribuirá a que los juegos en computador acaparen a su hijo lo cual sería perjudicial para su
desarrollo psicosocial.

- A pesar de las fortalezas que posee, el computador no lo puede reemplazar ni como compañero de tiempo libre ni como
apoyo en los problemas de aprendizaje de su hijo, pues es
una máquina sin características humanas; tómese su tiempo
para leerle historias o cuentos a su hijo y nunca le deje esa
vivencia tan importante al computador: es un mal pedagogo
sin cariño, sin capacidad para relacionarse, sin sensibilidad.

- Si su hijo tiene problemas con algunas materias en el colegio
tómese el tiempo para practicar con él, para explicarle lo que
no entienda y anímelo para que su aprendizaje sea exitoso, así
refuerza su motivación y gusto por el colegio. En este caso el
computador puede usarse como ayuda educativa con el programa didáctico correspondiente. Instrumentalice el computador pero no permita que su hijo sea instrumentalizado.

- Acuerde con su hijo límites claros para jugar en el computador y haga que los comprenda para que también los
acepte. Explíquele que jugar en el computador por periodos
de tiempo prolongados puede producir daños corporales y
problemas psicosociales; también por la exigencia excesiva

al jugar por mucho tiempo la diversión del comienzo se convierte en estrés. Haga un contrato con su hijo sobre los horarios de juego con tiempos fijos y fíjese en el cumplimiento del mismo; sea consecuente pero no intransigente e inflexible: la instalación y preparación de algunos juegos necesita mucho más tiempo del acordado antes de que el juego realmente empiece. En casos especiales es conveniente ser flexible, aunque en general se deben mantener las reglas, es decir, jugar más hoy se descuenta del tiempo de juego general de la semana.

• Si nota que su hijo está jugando principalmente juegos que van en contra de sus objetivos educativos, juegos con mucha violencia o no aconsejables para jóvenes, no solo debe quitárselos, sino también explicarle los motivos del rechazo hacia esos juegos; aclárele el tipo de peligro que representan, si se trata de juegos brutales, sexistas o de ideologías extremas; y hágale entender que la prohibición de ese tipo de juegos tiene una función de protección para niños y jóvenes y no se trata simplemente de una decisión arbitraria en contra de su libertad. Haga que su hijo confíe en usted, no se limite a tener el rol de controlador, los controladores pueden ser engañados.

• Los niños aprenden por observación e imitación de un modelo y usted es la persona de referencia más importante para su hijo y por lo mismo el modelo de aprendizaje más significativo. Sin embargo, su significado se va relativizando y complementando con otros modelos de aprendizaje a medida que su hijo crece, aunque siempre seguirá siendo importante. Su manejo de los medios y su motivación para usarlos son observados y asimilados por su hijo; usted es un ejemplo para él.

• Su función de ejemplo es muy importante en los primeros seis años de vida de su hijo; en esa etapa se sientan las bases de la capacidad de relacionarse, de sentir empatía, la competencia mediática y de acción y la conciencia de las normas. Su comportamiento como padre determina la solidez de esos fundamentos, así que sea un buen ejemplo.

• También en los juegos en computador se les ofrecen a los niños modelos de aprendizaje que con regularidad muestran formas de comportamiento problemáticas o clichés. Ya que los modelos reales son más efectivos que los mediáticos usted puede limitar los efectos negativos de estos. Explíquele a su hijo que la violencia no es un medio lógico para solucionar conflictos y que tampoco proporciona éxito real; muéstrele que hay muchas alternativas para solucionar problemas sin violencia; de esta forma reduce los efectos negativos que muestran los héroes de los juegos y sus actos violentos sobre la educación. Enséñele a su hijo sobre la educación de género: que ni la disposición a la violencia ni la agresividad son atributos masculinos dignos de esfuerzo y que no tienen ninguna relación con autoconfirmación ni capacidad para imponerse; explíquele a su hija que las mujeres no son tontas ni objetos sexuales, son equivalentes y con los mismos derechos de los hombres. Dele ejemplo a su hijo, muestre tolerancia con las minorías, con grupos étnicos diferentes y comunidades religiosas. Los héroes de los juegos con frecuencia muestran prejuicios y clichés así que con su comportamiento ejemplar puede minimizar los efectos negativos de ese tipo de educación mediática.

- Si su hijo tiene problemas de comportamiento a causa del juego no se avergüence y busque ayuda profesional; escoja un consultorio y haga un plan conjunto (terapeuta/consejero, su hijo y usted) para cambiar ese comportamiento. Hable con los profesores de su hijo si el rendimiento escolar desciende y busque una forma de hacer que la motivación y el interés por el estudio aumenten. Únase con los padres de los amigos de su hijo si el jugar computador en el grupo de amigos aumenta en exceso; elaboren con los niños un plan para reducir los tiempos de juego en computador y busquen alternativas interesantes para distribuir el tiempo libre.

CAPÍTULO 4

PANORAMA Y OFERTAS DE AYUDA

Ojalá esta guía le haya ayudado a entender el variado y colorido mundo de los juegos en computador, a aclarar sus posibles efectos, tanto positivos como negativos sobre niños y jóvenes y le haya dado algunos consejos y propuestas de cómo desenvolverse en el futuro frente a esos cuestionamientos u otros similares.

No es difícil reconocer que para el futuro el mundo de los medios, de las posibilidades de interacción y comunicación técnica, será incluso más difícil de abarcar porque las siguientes posibilidades de juego aumentarán cuantitativa y cualitativamente:

- Cada vez se podrán descargar más juegos de Internet de plataformas *online* gratis o a cambio de una pequeña cantidad de dinero. Esos juegos no tendrán que tener obligatoriamente restricción de edad si, por ejemplo, el servidor de descarga está fuera del país o no existen regulaciones legales al respecto. En este momento las personas de extrema derecha usan el Internet para ofrecer juegos con contenidos antisemitas o nacionalsocialistas.

- Ya existe una cantidad de juegos que se pueden jugar directamente en Internet. La cantidad de juegos que se pueden descargar para el celular gratis o por una pequeña suma también aumentará en el futuro.

Actualmente aparecen aproximadamente 1200 juegos nuevos al año solo en soporte magnético y cada vez es más difícil tener un panorama general solo de esos, así que aproveche la oportunidad que existe para informarse de la adquisición (compra, descarga, etc.) y los contenidos de los juegos en computador en relación con el consumo mediático:

- En la página de Internet www.atomix.vg se ofrecen reseñas, noticias y especiales sobre numerosos juegos en computador comercializados en Latinoamérica.

- El portal www.pantallasamigas.net es una iniciativa que tiene como misión promocionar el uso seguro y saludable de las nuevas tecnologías y fomentar la ciudadanía digital responsable en la infancia y la adolescencia.

- En la página www.pegionline.eu/es/index los padres pueden encontrar información sobre el sistema de clasificación por edades establecido por Información Paneuropea sobre Juegos (PEGI) para que así puedan tomar decisiones informadas a la hora de adquirir juegos en computador.

- En www.adiccion-videojuegos.net se ofrecen noticias sobre la adicción a los juegos en computador.

- La página www.guiadevideojuegos.es es una iniciativa del Ministerio de Sanidad y Política Social de España para familiarizar a los padres con los productos de ocio digital y así sensibilizarlos sobre la necesidad de informarse y responsabilizarse de la compra de estos productos.

Analizar los juegos en computador con sus hijos no significa que usted tenga que examinar cada uno de los juegos desde sus cualidades pedagógicas para después muy probablemente tener que rechazarlos o que cada vez que su hijo esté al computador y quiera jugar usted deba iniciar un debate sobre la importancia del consumo mediático; ¡qué panorama tan aterrador tanto para padres como para niños y jóvenes! Esa forma de proceder sería agotadora y lograría el efecto contrario de lo que se espera. Pero tampoco significa que cada vez que su hijo juegue usted se siente a su lado para comentar críticamente las acciones y reacciones de su hijo señalando con el dedo índice pedagógicamente levantado; eso también podría muy probablemente perjudicar poco a poco la paz de su hogar. Sin embargo, es útil hablar del tema de los juegos en computador y el uso de los medios con sus hijos de forma general: no olvide también expresar sus propios temores y defender su punto de vista. Además recuerde poner límites claros.

Tematizar preguntas, por ejemplo, el uso de violencia en los juegos en computador o el juego excesivo les permite a los niños discutir con argumentos y desarrollar su propia posición y eso es una base fundamental para el desarrollo de la competencia mediática que posiblemente se convertirá en una de las competencias primordiales del siglo XXI.

La pedagogía no puede servir como una forma cómoda de pedagogía de protección, es decir, para mantener alejados a niños y jóvenes de todos los peligros, sino que debe proporcionar métodos para que ellos alcancen la mayoría de edad y se eduquen como usuarios críticos de medios. Usted es el primero y más importante pedagogo, usted es la persona de referencia que pone los fundamentos de la educación. ¡Ponga fundamentos fuertes!

Las prohibiciones solas son inefectivas, como ya se expuso antes. No se pueden imponer ni controlar en un mundo casi infinito como el mundo mediático, por eso la única posibilidad de guiar a niños y jóvenes por la jungla mediática colmada de peligros es desarrollar en ellos la competencia mediática y apoyándolos constantemente para que tengan una personalidad fuerte.

CAPÍTULO 5

REFLEXIONES POSTERIORES:
LA VIOLENCIA EN LOS MEDIOS

Si se revisa el desarrollo de los contenidos mediáticos de las últimas décadas no se puede pasar por alto el considerable aumento de violencia presentada en televisión, cine y juegos en computador. El espectador parece ser cada vez más insensible frente a la violencia en los medios; ese desarrollo también tiene repercusiones en la práctica de quienes protegen a los jóvenes en las diversas instituciones de protección mediática al menor: la presentación de un hombre en llamas en la pantalla de cine era hace 25 años un criterio para rechazar la película como apta para menores, hoy en día películas como "Ángeles y demonios" en cartelera hace poco, en la que dos personas arden en llamas al mismo tiempo, son catalogadas como aptas para mayores de 12 años. Los contenidos han cambiado, los criterios de valoración de las instancias evaluadoras también y evidentemente también ha cambiado la percepción de los espectadores respecto a la violencia: la representación de la violencia no intranquiliza por mucho tiempo al joven espectador, no le produce pesadillas, no lo amedrenta o lo sobreexcita. El espectador soporta cada vez más violencia ficticia. ¿Por qué? ¿Por qué se intensifica tanto la representación de violencia en los medios?

En el psicoanálisis se parte de la base de que el comportamiento humano está motivado particularmente por dos impulsos: la libido y el impulso de agresión. El último no llama la atención en los países más desarrollados: los actos violentos son desterrados mediante las normas y leyes, la agresividad se considera algo negativo en las relaciones interpersonales y es socialmente indeseada. Las personas no disfrutan del impulso de agresión (solo en tiempo de guerra, pero esas son condiciones completamente diferentes). En muchos países altamente desarrollados la Segunda Guerra Mundial fue la última guerra que tuvieron que presenciar. Mirar actos y castigos violentos no solo sirve para ilustrar la norma sino también para la satisfacción del impulso de agresión. Los castigos públicos como la marca con hierro caliente o la flagelación y las ejecuciones como decapitación, ahorcamiento o la quema de brujas y herejes como era usual en la Edad Media ya no existen, tampoco las luchas de gladiadores como se acostumbraba celebrar para la satisfacción del pueblo en la antigua Roma.

Hoy la presentación de violencia se limita casi exclusivamente a los medios. Posiblemente la violencia virtual y ficticia sirva como reemplazo de la real y su ejercicio.

Estas reflexiones no se deben malinterpretar como alegatos a favor de la violencia en los medios, únicamente son un intento por explicar el aumento de la violencia en los medios audiovisuales como un fenómeno socio-psicológico.